U0362017

金融支持上游度对中国制造业出口绩效的影响机理研究

梁莹莹、段立君、孟亮　著

南开大学出版社

天津

图书在版编目(CIP)数据

金融支持上游度对中国制造业出口绩效的影响机理研究 / 梁莹莹，段立君，孟亮著. —天津：南开大学出版社，2022.3
ISBN 978-7-310-06242-3

Ⅰ.①金… Ⅱ.①梁… ②段… ③孟… Ⅲ.①金融支持—影响—制造工业—出口贸易—研究—中国 Ⅳ.①F426.4

中国版本图书馆 CIP 数据核字(2021)第 273379 号

版权所有 侵权必究

金融支持上游度对中国制造业出口绩效的影响机理研究
JINRONG ZHICHI SHANGYOUDU DUI ZHONGGUO
ZHIZAOYE CHUKOU JIXIAO DE YINGXIANG JILI YANJIU

南开大学出版社出版发行
出版人：陈 敬
地址：天津市南开区卫津路 94 号　　邮政编码：300071
营销部电话：(022)23508339　营销部传真：(022)23508542
https://nkup.nankai.edu.cn

天津泰宇印务有限公司印刷　全国各地新华书店经销
2022 年 3 月第 1 版　2022 年 3 月第 1 次印刷
260×185 毫米　16 开本　9 印张　2 插页　189 千字
定价：45.00 元

如遇图书印装质量问题,请与本社营销部联系调换,电话:(022)23508339

基金支持：

本著作系教育部人文社会科学研究：金融支持上游度对中国制造业出口绩效的影响机理研究（17YJC790090）项目和辽宁省教育厅科研项目（JQW201915403）研究成果。感谢 2020 年辽宁省高校创新人才支持计划对本书的资助。

摘　要

　　近年来，中国制造业出口贸易规模、流量持续增加，其出口业绩令世人瞩目。但遗憾的是，在货物贸易中，中国的贸易条件改善情况并不非常乐观。纵观制造业产品出口结构，不难发现大量企业仍处于较低技术含量的生产环节，在全球价值链位置居中，并非微笑曲线的两侧。因此开展有关出口绩效方面的研究尤为必要。与此同时，我们发现，在制造业产品出口绩效或出口竞争力提升的过程中，金融支持一直被学术界视为重要手段，因为大量制造业企业面临融资约束难题。鉴于此本书拟在归纳和总结制造业出口绩效提升的影响因素的基础上，重点关注金融支持上游度对中国制造业在出口绩效提升过程中的影响机理、传导渠道和影响效应，并找寻最优金融支持上游度。

　　本书通过对金融支持以及制造业产业出口提升的理论基础和相关文献进行梳理的基础上，从理论层面对金融与制造业出口绩效升级之间的相互作用关系进行机理研究和机制分析。在理论层面，课题组首先从供给侧，即从资本的供给出发，通过探寻金融支持对提高转化生产中红利的比例，而使生产者获取更多的投资收益视角，从金融规模、金融结构和金融效率三个维度，分析对制造业产业升级的作用机制，全面挖掘金融支持对制造业出口绩效的影响路径。其次，在需求侧以金融支持有助于缓解制造业企业的融资约束为核心出发点，结合制造行业中大量制造业企业本身具备资本密集型特征，课题组从微观层面，以制造业企业为主体，基于赫尔普曼（Helpman）的制造业企业异质性理论构建制造业企业出口绩效影响因素的理论模型，从企业层面探寻金融支持对制造业出口绩效的影响机理与机制。最后，针对制造企业中具备科技创新特征或需求的企业，依托优序融资理论，运用制造业企业在外源性融资中一般遵循先债权融资，再股权融资的顺序，挖掘不同制造业企业在差异化融资模式下，其融资结构构成比例不同对制造业企业的市场地位的影响。为检验理论框架与模型，本书进一步运用世界银行数据、世界投入产出（WIOD）数据库、联合国商品贸易统计（UN Comtrade）数据库等数据资源，通过系列指标构建与测度，完成出口二元边际的测算、出口技术负责度的测度以及金融支持上游度的测度，运用面板数据从金融支持对制造业出口绩效影响和金融支持上游度对制造业出口绩效的影响分别展开多组实证分析。最后，本书结合实证研究结论，分别从制造业企业的金融支持宏观层面，在通过科技金融拓宽金融支持渠道的业务扩展方面，以及从制造业出口绩效提升方面分别提出对策建议。研究认为：在宏观层面金融支持机制设计方面，应持续加大对制造业企业的贷款支持力度的同时，重点发挥中小企业融资担保服务机构的作用，并依托多种形式的供应链金融，拓宽融资渠道；在以科技金融为主导的金融支持渠道拓宽方面,应从推行试点银行和重点园区的"内部投贷联动"业务模式,非试点银行和重点园区的"外部投贷联动"业务模式,规范推行现代企业股权管理制度,积极培育"投贷联动"业务生态圈,创新地域金融工作模式等具体业务予以操作;在制造业出口绩效提升方面,则分别立足国家、行业、企业三个层面提出对策建议。

本书通过构建金融支持上游度与中国制造业出口绩效间因果关系模型,多维度、多层面影响因素开展以金融支持和金融支持上游度对中国制造业出口绩效影响机理的研究模型,拓展了传统金融发展对制造业出口影响的研究,为以金融支持上游度为切入点的制造业出口绩效提升路径的理论依据。通过开展以行业上游度为视角的金融支持上游度对中国制造业产品出口绩效影响机理等问题的深入研究,为制造业出口绩效提升渠道与机理研究提供经验证据。与此同时,研究为实现有限金融资源高效利用,从政府、行业、企业层面制定与制造业出口目标相匹配的金融政策提供参考依据和有益借鉴。

目　录

第一章 导 论

第一节 问题的提出与选题意义

一、选题背景

中国制造业出口贸易曾取得令世人瞩目的成绩，但中国的贸易条件并不乐观，制造业出口企业大多处于低技术含量生产环节。2016 年 4 月，国务院审议通过《装备制造业标准化和质量提升规划》，敦促制造业企业通过技术进步而提质增效、扩大出口。

在提高出口绩效的过程中，金融支持一直被学术界视为重要手段，但大量制造业企业却因融资约束等难题而被迫锁定在低技术含量的简单生产加工环节。受国际分散化生产模式的影响，在制造业中难以实现"全链式"金融支持。若能够找到提供金融支持的最优生产环节，则其对出口的促进作用将得到更高效的发挥。对于这一问题的解决，需要引入行业上游度概念，即通过金融支持上游度来考察金融支持所发生的具体生产环节，从而为金融支持在出口绩效提升问题的研究打开全新的思路。因此，开展有关中国制造业的金融支持是否处于最优上游度区域，以及金融支持上游度对制造业出口绩效提升的影响机理等问题研究具有重要的理论意义和实践价值。

本书拟在归纳和总结制造业出口绩效提升的影响因素基础上，重点关注金融支持上游度对中国制造业在出口绩效提升过程中的影响机理、传导渠道和影响效应，并找寻最优金融支持上游度。

二、本书研究的理论价值和现实意义

（一）理论价值

1. 为开展金融支持在出口绩效提升中的影响机理研究提供新视角，将行业上游度概念引入金融支持研究，构建开放经济条件下金融支持上游度指标的测度模型，并寻找最优金融支持上游度。

2. 尝试构建以跨国投资模式为调节变量，以技术创新、资源拼凑、融入制造业环节偏好为中介变量的金融支持上游度与中国制造业出口绩效间因果关系模型。基于跨国投资模式和技术创新等多维度影响因素开展金融支持上游度对中国制造业出口绩效影响机理的研究模型，拓展以金融支持上游度为切入点的制造业出口绩效提升路径的理论依据。

（二）现实意义与实际应用价值

1. 通过开展金融支持上游度对中国制造业产品出口绩效影响机理等问题的深入研究，为制造业出口绩效提升渠道与机理研究提供经验证据。

2. 为实现有限金融资源高效利用，制定与制造业出口目标相匹配的金融政策提供参考依据。即利用最优金融支持上游度区域，归纳出金融支持在制造业"全链下"的最优位置（即在哪一具体特定的生产环节方能最大效用发挥其对出口绩效提升的促动作用）。

第二节　本书的思路与方法

一、研究目标

本书拟基于全球价值链视角，研究金融支持上游度和跨国投资模式对中国制造业出口绩效的影响机理、传导机制和影响效应，进一步阐释中国制造业出口绩效的提升路径。具体研究目标如下：

（一）阐述金融支持上游度对制造业出口绩效的影响机理

构建金融支持上游度对出口效应在出口二元边际扩展、出口质量提升两个方向的影响模型，归纳基于金融支持上游度的制造业出口绩效提升路径。将金融支持上游度的研究从变迁机理领域拓展至影响效应领域。

（二）明晰跨国投资和技术创新、资源拼凑、融入制造业环节偏好在金融支持上游度与中国制造业出口绩效的因果关系模型中的调节效应和中介效应

尝试构建以跨国投资为调节变量，以技术创新、资源拼凑、融入制造业环节偏好为中介变量的金融支持上游度对中国制造业出口绩效影响机理的概念模型。明确跨国投资通过缓解外部融资约束、流动性约束和技术溢出等三个渠道，发挥其在金融支持上游度对制造业出口绩效影响作用中的调节效应。

（三）探寻制造业"全链下"的最优金融支持上游度

构建金融支持上游度测度模型，测算出中国以及代表性国家的金融支持上游度。创新性的依据最优控制理论，构建金融支持上游度的动态最优化模型，寻找离散状态下的最优金融支持上游度。利用该最优金融支持上游度，可归纳出金融支持在制造业"全链下"对出口绩效提升效应发挥最大的具体生产环节。

二、研究思路

本书在已有成果的基础上，以金融支持上游度为前置变量，以跨国投资模式为调节变量，以技术创新、资源拼凑、融入制造业环节偏好为中介变量，构建金融支持上游度对中国制造业出口绩效影响机理的总体分析框架，依据总体分析框架主要研究内容如下：

（一）制造业出口绩效影响机理的总体论分析框架

本书遵循诺莫网络和法则关系的研究脉络和逻辑主线，从传统贸易理论和新新贸易理论两方面展开研究：对于前者，本书拟放松完全金融市场假定，将金融支持要素纳入标准的 Hechascher-Ohlin-Samuelson 模型，即标准的"两个国家－两种产品－两种要素"的 H-O-S 框架下，开展制造业企业面临要素禀赋约束和外部融资约束时的均衡分析，阐释金融支持体系的进一步发展和完善，将增加高外部融资依赖行业的出口规模的理论机理。对于后者，课题拟基于异质性制造业企业理论，通过扩展和改进的 Helpman 等模型，说明异质性制造业企业在同时面临外生性的流动性约束和外部融资约束时，金融支持将通过缓解融资约束，提高制造业企业出口能力的机制和效应，使得出口绩效在贸易的集约边际与扩展边际都会得到改善（如图 1.1 所示）。

基于上述具体模型分析，发现不论是基于传统贸易理论还是新新贸易理论，金融支持对出口绩效的影响并非单一或直接的。本书拟从外部融资约束、外资技术扩散、流动性约束和资本配置效率等四个渠道入手，对出口绩效影响途径开展研究，并进一步挖掘，在不同影响渠道下是否可能存在调节效应和中介效应。

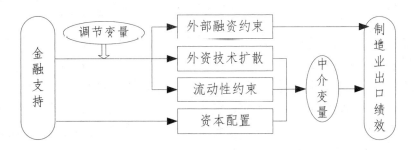

图 1.1　金融支持对制造业出口绩效的影响途径分析框架

（二）金融支持上游度对制造业出口绩效的影响机理

将行业上游度概念引入制造业国际分散化生产工序的金融支持中，利用金融支持上游度描述金融支持环节与制造业最终产品的距离，进而反映一国制造业金融支持环节的特征。本书拟通过利用金融支持上游度度量金融支持在制造业 2 分位行业的差异，并深入挖掘不同影响渠道下的金融支持上游度对制造业出口绩效的影响机理中所存在调节效应和中介效应（影响机理概念模型见图 1.2）。其中调整效应以跨国投资模式为代表，中介效应以技术创新、资源拼凑和融入制造业环节偏好等为代表。

本书拟采用相关实证分析方法，实证验证图 1.2 概念模型中的研究假设及变量间因果关系。对于金融支持上游度的测度，通过改进的 Atràs 等模型，利用析出存货变量，使其独立于最终消费品的方法，构建开放经济条件下的金融支持上游度的测度模型。结合世界投入产出表中的金融中介（Financial Intermediation）数据库，计算出制造业全行业金融支持上游度。对于出口绩效，本书拟以出口二元边际和出口技术复杂度指数为代表变量，分别从出口规模和出口质量对制造业出口绩效予以考察。本书预测金融支持上游度与制造业出口绩效的关系可能呈倒 U 形，因而在结构方程模型中将加入金融支持上游度的平方项，同时，为确保研究不失严谨，模型中还将引入相关控制变量开展研究。

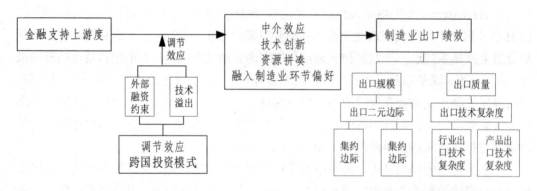

图 1.2　金融支持上游度对制造业出口绩效影响机理的概念模型设计思路

（三）阐释制造业"全链下"最优金融支持上游度的动态确定过程

本书借鉴最优控制理论逻辑体系和准绳，构建金融支持上游度的动态最优化模型。拟将出口绩效作为状态变量，将金融支持上游度作为控制变量或决策变量，再引入其他因素作为约束条件，最后求出决策变量金融支持上游度的最优控制规律，使得作为状态变量的出口绩效从初始状态转移到所期望的终端状态，同时使给定的目标函数达到最优值。据此，寻找离散状态下的最优金融支持上游度，从而明确金融支持在制造业"全链下"对出口绩效提升效应发挥最大的具体生产环节。

本课题研究拟按照"研究准备"、"理论基础"、"实证检验"和"策略建议"的步骤展开，整体方案和技术路线图如图 1.3 所示。

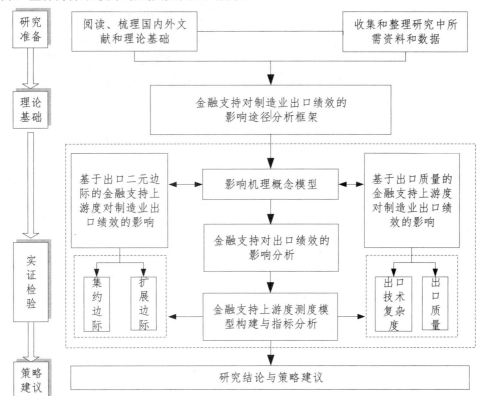

图 1.3　本书研究内容的技术路线图

三、研究方法

本研究以制造业出口绩效提升为导向，以金融支持上游度为前置变量，依托理论研究探讨实际问题，力求以多维度、深层次、广视角来分析金融支持上游度对制造业产品出口规模和出口质量提升的促进效应，并验证跨国投资在这一影响机制中的调节效应，具体将主要采用以下分析方法：

（1）计量经济学综合建模方法。本书在融入国内外最新的研究方法，利用各种可能的计量经济模型（主成分分析、面板数据回归分析等）对已有的研究进行拓展优化。课题拟采用结构方程模型，开展金融支持上游度对制造业出口绩效的影响研究。使用基于强迫进入法 enter 的层次回归分析模型（史丽萍等）验证图 1.2 概念模型中的研究假设及变量间因果关系。并依次使用调节效应检验法、中介效应检验法依次检验概念模型中的调节效应和中介效应，最终揭示金融支持上游度对制造业出口绩效的影响机理和影响路径。

（2）基于动态分析视角的分时间段回归分析。除使用静态回归分析外，为了体现金融支持上游度对出口绩效提升效应中的差异性，课题拟采用分时间段的回归分析方法，最终实现静态分析与动态分析相结合，以保证对研究结论的可靠与准确。

（3）基于最优控制理论的最优尺度回归分析方法，包括静态最优化和动态最优化回归分析方法，主要用于找寻最优金融支持上游度区域。确定金融支持上游度在制造业国际分散化生产工序中的具体位置，即上游偏好、中游偏好和下游偏好。

第三节　研究重点和难点

一、研究重点

第一，金融支持对中国制造业出口绩效多渠道影响机理的模型构建。

通过构建以金融支持为主导的出口绩效影响机理分析模型，实现从传统贸易理论到新新贸易理论的全方位、多层面和广视角的研究。进而厘清和阐释金融支持对出口绩效的不同影响渠道，即外部融资约束、外资技术扩散和资本配置效率。

第二，开展金融支持上游度对中国制造业出口绩效影响机理的实证研究，并检验这一影响机理中的调节效应和中介效应。

构建以金融支持上游度为前置变量的制造业出口绩效提升机理和金融支持上游度传导路径的理论框架。建立金融支持上游度对制造业出口绩效影响机理的概念模型。遵循诺莫网络和法则关系的研究脉络和逻辑主线，引入跨国投资模式作为调节变量的同时，以技术创新、资源拼凑和融入制造业环节偏好等作为中介变量，采用投影寻踪法和强迫进入法系统阐释跨国投资在分析金融支持上游度对中国制造业出口绩效影响效应中的调节作用。

二、研究难点

研究难点是开展金融支持上游度测算模型的构建。本书结合在现有文献中大多采用安特斯（Atràs）等测度方法基础上，为了使得金融支持上游度的测度更为严谨，通过修正 Atràs 等模型，将存货变量析出后，再纳入测度过程，并同时将开放经济条件纳入模型，使得对金融支持上游度的测度更加接近经济现实，从而更加准确而科学。

第四节 本书的创新和不足

一、研究的创新之处

第一，构建金融支持上游度与中国制造业出口绩效间因果关系模型。围绕跨国投资模式、技术创新、融资约束等多维度、多层面影响因素，开展以金融支持和金融支持上游度对中国制造业出口绩效影响机理的研究模型，拓展了传统金融发展对制造业出口影响的研究，为以金融支持上游度为切入点的制造业出口绩效提升路径的理论依据。

第二，通过开展以行业上游度为视角的金融支持上游度对中国制造业产品出口绩效影响机理等问题的深入研究，通过出口二元边际，即集约边际和扩展边际扩展的研究，以及以出口技术复杂度为代表的出口质量评价，为制造业出口绩效提升渠道与机理研究提供经验证据。

第三，为实现有限金融资源高效利用，从政府、行业、企业层面制定与制造业出口目标相匹配的金融政策提供参考依据。通过发现最优金融支持上游度区域，归纳出金融支持在制造业全产业链下的最优位置而开展具有针对性的融资策略和融资服务。

二、研究的不足之处

第一，在理论分析部分，提出了金融支持对制造业产业升级的影响机制包括基于供给侧、基于需求侧以及基于不同融资模式下的金融支持对制造业出口绩效的影响机制，但受数理模型的复杂性和事实数据的可得性约束的影响，在实证分析部分未能对每一种机制的影响效用逐一展开进行回归分析和考察。

第二，在对金融支持上游度指标测度过程中，由于数据更新的问题影响，无法获取相关分行业和分区域的事实数据，造成金融支持上游度指标只能计算至 2017 年度。但在后期的实证分析中，相关变量指标也存在数据实时更新速度差异，最终对本书的主体结论不构成影响。

第二章 相关文献综述和理论基础

第一节 有关制造业企业出口绩效研究现状与发展动态

一、有关出口绩效测度相关文献综述

出口绩效一直是国际贸易理论研究的热点问题，是考察制造业企业出口成功与否的重要标志，对于出口绩效可以从出口规模、出口竞争力和出口质量等予以体现（席艳乐，2014）。

出口竞争力一直是国际贸易理论研究的热点问题，有关出口竞争力的研究主要集中于指标的测度与影响因素的研究两方面。对于出口竞争力的测度，主要以国际市场占有率指数（Lall，1998、2000）、出口竞争力指数（孙莹等，2016）、Michaely 指数（Vollrath，1991）和显性比较优势指数（文东伟等，2009）等指标为主。对于出口竞争力的影响因素，则主要包括如国际直接投资（以下简称为 FDI）流量（严兵，2006；文东伟等，2009；谢建国，2011）、行业规范标准（宋玉华和江振林，2010）、贸易环境（章秀琴和张敏新，2012）以及要素、资源禀赋（崔远淼和谢识予，2013）等。

在经济一体化的发展背景下，出口竞争力问题的研究已不能单纯局限于出口规模的考察，而更多集中于对制造业企业出口二元边际（即出口规模和出口种类）和出口质量的分析（汤晓军，2014）。已有研究认为出口技术复杂度指数（Hausmann et al.，2007）在反映产品出口结构变迁和出口竞争力方面较其他指标更具优势（尹宗成和田甜，2013），并且在国内已有大量学者从国别层面（齐俊妍和王岚，2015）和行业层面（沈琳，2015）开展研究。因此，国内外学者的研究方向逐步过渡到产品的出口复杂度上，即利用测算一国出口产品的出口技术复杂度指标来估算其产品的技术含量。随后，许多学者在此基础上不断构建新的产品技术测度指标，具体包括出口产品的绝对份额权重法（武敬云和阊实强，2013）、出口产品的相对份额权重法（rodrik，2006；hausmann，2007）、出口产品的生产份额权重法（杜修立和王维国，2007）以及质量调整赋值法（武敬云和闫实强，2013）。

伴随经济全球化的不断深入，国家间的产业内贸易与产业间贸易已成为常态。评价

一国出口贸易的发展水平，不能局限于考核其出口的规模和结构，还需重点关注其产品出口的质量，既出口技术复杂度。有关产品出口技术复杂度问题系统研究是继豪斯曼（Hausmann，2003）提出出口复杂度概念后而展开的。有关影响出口技术复杂度因素主要包括外商投资、加工贸易、基础设施建设、金融发展、经济增长和出口增长等。布兰斯特和拉迪（Branstetter and Lardy，2006）在其研究中指出：中国的出口技术结构得以改善主要归功于优质的跨国公司投资于中国，经过诺顿（Naughton，2007）的经验分析发现，2001 年以来，出口的高新技术产品中，50%以上产自有外资参与的公司，而这一数字到 2015 年则达到近 85%，由此可见，外商直接投资在中国出口技术结构完善与提高中起到功不可没的作用。郭晶和杨艳（2012）研究并检验了技术创新、经济增长与我国高技术制造业出口复杂度的关系，并指两者对出口复杂度提高具有促动作用。齐俊妍等（2011）在研究出口复杂度时主要考察了金融发展因素所带来的影响。在对跨国行业面板数据进行回归后发现，金融的健康发展能够有效地提高中国的出口技术复杂度；黄先海、陈晓华和刘慧（2010）选取了 1993—2006 年世界上 52 个国家（地区）的金属制品为研究样本，采用 Hausmann 建立的指标度量各国的出口复杂度，并以此建立了固定效应哑变量面板模型检验出口复杂度的异常情况，结果表明发达国家（地区）和发展中国家（地区）中推动出口复杂度提升的两大动力为经济增长和出口增长。前述研究，为出口技术复杂度提升问题研究拓展的思路，随后，开始有学者以技术创新为视角，开展有关出口技术复杂度和产品出口竞争力问题研究，但主要集中于农业领域，代表性的如尹宗成和田甜（2013）基于出口技术复杂度的视角对中国农产品的国际竞争力进行了比较分析，得到从整体看中国农产品出口技术复杂度指数较低，不具备竞争优势的结论。还有学者针对农机产品的出口竞争力指数研究发现中国农机产品的出口规模迅速增长，相对出口竞争力却呈现下降趋势（张萌和谢建国，2016）。此外，以出口技术复杂度为视角的出口竞争力研究还包括高新技术产品（俞涔和严焰，2012）以及水产品（耿晔强和马志敏，2011）等行业领域。

二、有关制造业企业出口绩效的影响因素研究现状与发展动态

尽管当前该领域的研究已取得相应的成果，但已有研究主要还是集中在国别层面（齐俊妍等，2011）和行业层面（沈琳，2015），细化到产品层面的很少。针对某一单因素，尤其是开展有关跨国投资对制造业企业出口技术复杂度影响问题研究的文献则更为稀缺，至今尚未形成完整的理论分析框架。因此迫切需要有相应的理论分析框架来解释跨国投资对出口复杂度提升的影响与效用的内在机理。其中，前者已从单一关注出口贸易额（量）的增加转向对出口二元边际的研究（盛斌、吕越，2014）；而对于后者，国内外学者开始逐步过渡到出口技术复杂度上，即利用一国行业或产品两个层面的出口技术复杂度指标来估算其产品的出口质量，继而反映出口绩效。出口绩效受多方面因素的影响，主要包括诸如跨国投资（Mishra，2011）、贸易环境（章秀琴和张敏新，2012）以及

要素、资源禀赋（崔远淼、谢识予，2013）、出口促进计划（宁烨，2014）等宏观层面因素和金融发展或金融支持（Feenstra et al.，2013；Manova，2015；杜运苏，2016；陈俊聪，2015；齐俊妍，2016）、行业规范标准（宋玉华和江振林，2010）等行业层面因素。

第二节　金融支持与制造业企业出口的相关研究现状与发展动态

一、有关金融支持、金融发展的理论研究现状

（一）金融支持的有关研究

埃伦等（Elon et al.，1977）指出，选择最优金融支持模式为落后公司将资源投入新兴产业获得新的利润增长点的关键。葛瑞纳和布里格姆（JF. Wcson and EF. Brigham，1981）提出企业金融周期理论。并指出创立期、成长期、成熟期、衰退期四个阶段。不同的阶段有不同的融资需求，企业融资决策时应统筹规划其所处周期。韦斯特灯等（Westlampcr et al.，1998）提出企业产品的生命周期决定企业金融支持模式，金融支持体系应与新兴产业发展中产品和技术创新相配套。

宾等（Binh et al.，2005）研究发现发达国家的新兴产业之所以能够实现快速增长，在于发达国家的市场化金融支持体系较为完善。奥利文（Olivein，2006）提出金融支持对于发电行业竞争力既是关键要素，也是重要的风险因素。霍瓦特等（Horvat et al.，2007）通过金融支持方式的选择对于某一新兴行业发展的意义的研究，提出应综合考虑以平衡现在和未来的利益关系。范小雷（2007）通过比较研究法分析了发达国家在其新兴产业发展过程中所采取的金融支持模式与路径，明确了金融支持为我国战略性新兴产业发展的借鉴之路。郑始渊（2009）阐释了金融支持的作用，强调通过金融手段来夯实高科技产业顺利发展的经济基础。张亮（2009）研究发现战略性新兴产业培育和发展的关键因素是金融资源，金融支持应从金融体制改革和鼓励社会资本投资等方面入手。莱鲁明等学者（2009）对英美的"官办民营型"与日本的"政府主导型"的金融支持方式进行了国际比较分析，政府在政策性金融支持方面应发挥重要作用。施平（2010）等人研究认为战略性新兴产业应以风险投资类金融支持为主。杨等（Yang et al.，2010）提出金融支持有利于推动高新技术行业的发展，金融支持结构的不同决定行业发展效率的高低。施平（2010）等人研究认为战略性新兴产业应以风险投资类金融支持为主。

熊良俊（2010）通过深圳银行业的现状，从事先金融规划、因势利导、全程关注、平台对接、严控风险和政策倾斜等多个角度进行分析，提出了"以金融为杠杆助推战略性新兴产业腾飞"的思路。赛迪（2010）对战略性新兴产业金融支持的资金来源进行了总结，即政府产业投资基金、社会资本和外资、股权融资以及创新型债权融资方式。顺

海峰（2011）以发展规模和潜力两个方面划分战略性新兴产业发展业态，将其划分为新兴性、主导性、一般性和支柱性四种产业。提出了两种支持措施为直接和间接融资"。

李海波（2011）提出根据战略性新兴产业的不同发展阶段选择金融支持方式，并根据不同产业链环境变化而变化，如技术创新研发阶段因风险大而应采用股权融资方式；产业化阶段适宜采取债权融资方式。顺海峰（2011）构建了四种完整的金融支持体系：市场性、政策性、间接和直接金融支持。李东卫（2011）通过研究战略性新兴产业金融支持现状，发现存在支持政策执行力欠缺，金融机构积极性不足，中小企业普遍无法上市融资等现实问题。王斌等（2011）得出美国政府的战略性新兴产业金融支持措施有四个重要特征：尊重、链接、创新和模拟市场。熊广勤等（2012）基于产业生命周期理论，认为战略性新兴产业在初创期应以政策性金融、成长期以银行信贷和成熟期以资本市场主导的直接金融支持方式为主。张强等（2013）通过对节能环保产业上市公司的金融支持效率进行 DEA 方法测算后发现节能环保产业金融支持效率普遍偏低。叶生新（2012）、马军伟（2013）、常建新（2013）、刘继兵（2014）、李富有（2014）等人也强调了金融支持对于战略性新兴产业发展的重要意义，但是从不同阶段战略性新兴产业融资需求的差异性、必然性、共生性等角度。

（二）金融发展的有关研究

金融发展的重要表现是金融结构变化，也就是金融功能的日益丰富，通过我国金融行业的数据可知其国内金融行业始终保持稳步发展，金融发展对支持国家经济的发展与国际贸易均有所帮助，同时，金融实力也代表在国际市场中的话语权（刘伟清，2020）。

格利（Gurley，1955）和肖（Shaw，1956）通过建立金融发展模型，发现金融对经济的作用与经济发展程度成正比例关系，也就是经济发展程度越高，金融对经济的作用也就越强。帕特里克（Patrick，1966）则提出了两种不同的金融发展模型：需求跟随型和供给领先型，并提出在长久的经济发展之下，需求跟随性将逐渐占领主导地位。雷蒙德·戈德史密斯（1969）曾在《金融结构与金融发展》此书中提出金融结构理论，为金融发展理论奠定了基础。他提出了金融的发展就是金融结构的改变，在各国金融发展的过程中，金融结构不同，但金融发展的趋势是相似的。麦金农（McKinnon，1973）提出的金融抑制论与肖（Shaw，1973）提出的金融深化论，二者共同创立了新古典金融发展理论。为对货币金融理论与经济发展理论相互融合的研究开创了先河，弥补了发展中国家金融发展的理论空缺。莱文（1997）通过实证研究发现金融发展和经济增长呈正相关。拉詹和津加莱斯（1998）也证明了金融发展可以通过降低企业外部融资成本促进其发展，尤其对需要外部资本支持的工业部门来说，金融市场与其发展的速度呈正相关。戴相龙和黄达（1998）从金融功能的角度分析金融发展，金融相关比率不断的提高为金融发展通常的规律，金融创新为金融发展的驱动力，其中金融创新包含金融产品创新、金融工具创新和金融制度创新三方面。本奇文加（Bencivenga，1991）、施雷夫特（Schreft，1998）等学者认为不同国家或地区的法律制度对金融发展有着不同的作用，对其影响很大。健全的法律制度可以保护投资者的权益和维护金融体系秩序，并且使金融市场和银行体系有稳定的发展。彭兴韵（2002）认为通过金融功能的完善和金融业务的扩展从而提升金融效率，这一经济发展动态演进过程即金融发展，同时，还可通过利用金融结构的完善和金融效率的高低来评判金融发展的水平。

著名学者莱文（Levine, 2002）认为金融发展是指整个金融体系及金融行业的发展，包含金融量的增加和金融制度的完善。他强调金融行业整体功能的发展，金融发展就是金融功能不断扩展、完善从而推动金融效率的提升与经济增长的一个动态演进过程。金融功能的逐渐增强，随之而来的是金融系统也将变得复杂，金融资源的配置效率也得到提升，金融发展程度越来越高，从而促进经济增长。对一个具有某种特征的经济体来说，根据经济发展的实际情况，不同时期和不同经济体内部的科技发展水平、监管政策以及法律制度之间的诸多差异，金融发展则为金融系统在一个或者几个金融功能逐步完善的过程。齐纳利（2003）认为小而集中的利益团体的规模对金融和经济的发展状况更有帮助，更有利于其行动的一致高效性。吉索（1998），施特尔茨（2003）等学者认为金融发展水平的差异与自然禀赋差异、宗教信仰差异和资本技术差异息息相关。金融发展观是以提升微观效率、实现金融机构的扩张以及开发更多的金融工具为直观思想。这种直观思维较为容易量化研究金融发展，但它的弊端是可能导致金融企业忽视金融发展质量，而一味地追求金融规模的扩大（白钦先，2005）。拉达茨（2006）发现由于金融系统是作为流动性供给的重要机构，因而金融发展很大程度上能减缓经济波动，特别是有助于降低高流动性需求部门的产出波动，金融深化水平的提升对降低经济波动的影响最突出。特鲁（2007）证明了金融效率对经济增长有影响。金融发展是关于自身发展和作用经济发展的相关理论。金融结构的变化包括长短期两种变化，既是各个连续时期内的金融交易流量也是对不同时点上的金融结构的比较变化，金融结构是指各种金融工具和金融机构的形式、性质及其相对规模。

金融发展包含了对金融资源的使用量、使用方向和使用速率等维度。苏莱曼和阿布权（2008）认为金融发展通常为金融系统内各个组成要素，在数量、质量和使用效率等多个方面的动态变动过程。但金融发展的内涵是相对稳定的，金融发展应通过完善金融功能来提高金融效率和深化发展。总体而言，金融发展理论主要分为金融结构理论、金融抑制理论、金融功能论和金融约束四个方面理论体系。索斯藤等（2010）运用面板模型对金融发展与经济波动进行实证研究发现，发达经济体的金融发展可以有效抑制贸易冲击的经济波动，但在落后国家，却会放大物价变动引发的经济波动。卢梭和瓦赫特尔（2011）提出并证明了"消失效应"，认为当私人部门的信贷规模到达某一门槛值时，金融对于经济增长的作用将会消失。阿松努（2011）提出了四种影响经济增长的机制：金融深化机制、金融配置效率机制、金融规模机制和金融活动机制。田树喜等（2012）认为，中国金融资源配置对经济增长的作用体现量的扩张而非质的提升，并且随着中国经济增长约束条件的变化，政府主导下金融资源配置的结构性失衡和价格双轨带来的问题日益突出，金融资源配置的边际产出开始出现。德夫拉诺里斯等（2013）通过对发达国家和发展中国家金融深化水平对经济波动的影响运用动态面板模型，发现金融深化对平抑产出、消费和投资增速波动具有重要作用。

黄等（2014）发现金融发展主要通过增加企业的真实价值和数量，加剧了产出部门的波动，其中由银行部门和股票市场构成的金融结构与产出增速波动具有较大的关联性。曼加内利等（2015）通过对金融发展影响经济波动的作用路径的研究，发现金融发展加快了产业结构的收敛，减缓了宏观经济波动。部分学者认为，金融发展自身是导致经济波动的重要因素。莫开伟（2017）认为，过度金融化加剧了金融业自身的高杠杆化、泡沫化和风险化，使得产业经济发展出现片面化、单一化和畸形化。文锡良和文书洋（2018）也认为，中国的除总量过剩外，金融化还具有显著的结构性特征，中国大量的金融资源集中于少数行业和领域导致一部分行业资源过剩，形成局部泡沫，另一部分行业缺乏金融服务，面临融资困难，这种结构性的过度金融化对经济发展造成不利影响。

二、融资约束与制造业企业出口的相关研究

阿米蒂和温斯坦（2010）基于融资约束角度，通过对金融危机下贸易缩减的问题的研究，发现金融危机降低了企业从银行获取的融资资金，增加了企业面临的融资约束，进而降低了企业的出口规模。尧德和库克诺夫（2010）通过对金融发展对非洲各国农业产品出口影响的研究，当金融发展水平提高时，农业产品由于对外部融资依赖性大，因此出口持续时间长，对于不同的农产品，金融发展对贸易持续时间的促进作用不同。沈红波等（2010）通过对我国制造业上市公司的数据研究，发现宏观金融的发展对微观经济实体融资约束有影响，认为融资约束所带来的资金不足抑制我国企业，特别是民营企业的对外直接投资，金融资源总量的扩大与资源配置效率的提升可以通过金融服务的发展来促进，同时，金融服务的发展也可为我国企业开展对外直接投资提供资金支持。吴晓怡等（2014）发现金融发展水平的提高对于我国外部融资依赖性较高的行业的出口有促进作用。李宏兵等（2016）基于中国工业企业的出口数据，发现影响企业出口持续时间的重要原因是融资约束，融资约束通过降低企业的贸易成本来影响出口的持续性，而高融资约束显著地缩短了出口的持续时间，在金融发展水平落后的地区更明显。徐清（2015）立足于新贸易理论基础上，将国内省份宏观数据与大样本工业企业微观数据结合，分析框架为融资约束思想，通过分类评定模型对生产率、金融发展以及中资企业对外直接投资之间的关系进行实证分析。发现在金融结构合理、金融规模大地区，企业采取对外投资行为的可能性更大，同时，通过提升金融市场资金配置效率会使效率低下的国有企业退出国际市场，在一定程度上抑制了地区的对外直接投资。

第三节　金融支持上游度与制造业出口绩效相关研究

一、金融支持上游度相关研究现状与发展动态

上游度是从国际分散化生产工序研究领域衍生而来（Antràs，2012），用来反映具体生产环节与最终产品的距离。金融支持上游度，正是借鉴上游度的概念构造的测度指标，用以测量金融支持环节与最终产品的距离，即描述金融支持的具体生产环节（刘慧等，2016）。在测度方法上，目前对于该指标的测度及应用的研究成果较为有限，但是近些年，国内外学者对上游度比较关注，并结合上游度指标，开展了行业上游度测度与分析（陈晓华，2016），具体而言，在跨国研究方面，利用 Antràs 的模型测度并解释中国制造业在全球价值链的分工位置，进而阐释其国际分工地位（胡昭玲、宋佳，2013）；在产业层面，以某一区域为研究对象，运用上游度测度方法对投入产出表中的该地区产业分工地位进行测算，进而对特定区域、特定产业的分工地位进行研究。此外，大量学者应用上游度测算结果，进一步测算制造业部门产品全球价值链的长度，并对其进行内部分解分析（马风涛，2015）；对中国制造业国际竞争力（苏杭，2016）、制造业出口内涵服务价值演进（戴翔，2016）等诸多方面进行有益的探索与研究，并取得大量的启发性成果，为金融上游度指标测度模型的构建和指标的分析提供大量可供参考的理论依据。但是，现有关于上游度的研究主要针对制造业上游度的测度与相关问题研究，对于上游度在深度和广度理论与应用研究尚有进一步可挖掘的空间，有关金融支持与行业上游度相结合的研究成果尚不多见，有必要在未来进行更深层次的探索和研究。

二、金融支持上游度与制造业出口绩效间因果关系的相关研究现状与发展动态

由于金融支持上游度尚属新兴测度指标，因此，已有文献大多集中于金融支持与制造业出口绩效的相关影响研究。梳理有关研究文献发现，在理论层面，当制造业企业遭遇外生性流动性冲击（Chaney，2005）或同时面临外部融资约束（Manova，2008）时，只有生产率跨越一定门限且最具优势的制造业企业才可能进入国内市场。这一影响机理可归纳为：金融支持通过缓解流动性约束和外部融资约束，而对出口绩效产生促进效应。从发达国家的发展经验中不难发现，一国出口产品的技术含量将决定其国际竞争力（Rodrik，2006），提升产品出口绩效的核心是同时实现出口二元边际的扩展和出口质量的提升，而金融支持被学术界认为是实现出口业绩提升的"捷径"（陆菁和陈飞，2015）。

此外，学者还采用实证方法验证融资约束对制造业企业出口的影响，研究结论表明，

融资约束对制造业企业的出口行为（Bellone et al.，2010），制造业企业的出口决策（Minetti and Zhu，2011）和制造业企业的出口绩效（孟夏和陈磊，2012）等均带来显著影响。最近的研究表明，跨国投资同样可以缓解制造业企业信贷约束，继而刺激出口（Harrison and McMillan，2003）。如跨国投资通过 FDI 流入，有效地缓解国内制造业企业的融资约束（Feenstra et al.，2011）。哈考特和庞塞特以中国制造业企业为研究对象，再次佐证了当国内融资系统处于低效率时，子公司可利用来自其母公司的资金补偿国内的融资约束效应，而这一影响在民营制造业企业中将更为突出（Héricourt and Poncet，2009）。上述研究成果表明，金融支持对出口绩效影响的传导路径并非单一存在，而跨国投资依托其特有的资金供给渠道，事实上将部分缓解融资压力，从而对金融支持起到一定的调节作用。

第四节　对现有文献的总结与评价

上述文献均承认金融支持在制造业出口绩效提升方面的重要影响，并且已有研究成果在出口绩效影响因素分析、上游度指标测度、分析与应用以及金融支持对出口绩效的影响等方面进行了深入研究。但是，由于制造业本身具有国际分散化生产的特征，而受这一模式的影响，金融支持不可能对整条生产链发挥作用，如果能够选取最为恰当的位置，即在国际分散化生产链中选取相对具体的生产环节，明确有利于制造业出口绩效提升的最优金融支持上游度，则金融支持政策作用的效用将实现最大化，更能高效发挥和利用有限的金融支持资源。因此，有必要在既有研究的基础上，沿着对金融支持上游度在制造业出口绩效提升方面的影响机理和作用机制进一步展开更为深入的研究。

本书试图在国内外学者卓越研究成果的基础上，立足于实现《中国制造 2025》时期的中国制造业企业出口绩效提升，拟从全球价值链框架下开展有关金融支持上游度对中国制造业企业出口绩效影响机理及提升进路展开研究。通过采用出口二元边际和出口技术复杂度从出口规模和出口质量两方面考核和评价中国制造业企业出口绩效，并重点关注跨国投资模式和技术创新、资源拼凑、融入制造业环节偏好在上述影响机理中的调节效应和中介效应，进而最终找出全球价值链下制造业的最优金融支持上游度，为金融政策制定和进一步开展制造业出口绩效提升研究奠定基础。

第三章　金融支持对制造业出口绩效影响机理与机制分析

上一章对金融支持制造业出口绩效提升的理论基础和相关文献进行了梳理。本章将从理论层面对金融与制造业出口绩效升级之间的相互作用关系进行分析，同时提出研究假设。

与国内贸易相比，国际贸易面临的风险性更高，结合制造行业大量产品本身具有价值链较长的特征，其对金融服务更加依赖。在全球价值链进程下，制造业制成品贸易不论在贸易规模还是贸易数量上日渐增加，贸易方式更加多样，产品类型也日益丰富和完善，使制成品贸易呈现出多样性与复杂性特征，且更容易面临国际贸易特有的国际物流、汇率波动、经济、政治战争等国际贸易风险。制造业出口的顺利实现，即保证制造业企业或行业面对贸易风险时，金融支持能够起到至关重要的作用，具体表现为提供融资服务、咨询服务和政策服务等，帮助贸易制造业企业遵循国际贸易惯例与规则，提供支持和保障。同时，还通过提供出口信用保险和担保等多种金融服务，以增强贸易制造业企业抵御风险的能力，进而实现出口绩效的提升。国内外对金融支持与其出口的相关理论与实证研究成果颇多，为本书的研究提供了有力支撑。在此，我们将进一步从资产供给侧和资产需求侧分析金融规模对制造业出口绩效的影响作用。

第一节　基于供给侧的金融支持对制造业出口绩效的影响机制

在供给侧，从资本的供给出发，金融支持通过提高转化生产中红利的比例，而使生产者获取更多的投资收益。依据传统的国际贸易理论，通常生产型制造业企业在开展国际贸易前，其产品生产需具备一定的竞争优势或比较优势，杜宽旗和王静（2016）研究发现，金融支持通过不断改善金融市场环境，完善金融市场，有效降低生产制造业企业的融资成本等方面，为制造业企业提升竞争优势和产品比较优势而助力。在此，我们拟从金融规模、金融结构和金融效率三个维度，分析对制造业产业升级的作用机制。

一、金融规模维度

莱文（1997）曾围绕金融体系功能、金融市场和金融中介探寻金融规模对经济增长的影响途径，研究发现金融体系的作用在于一方面通过提供大量资本以及创造新机制来分散和削弱开发新技术的经营风险，促使新工艺、新技术和新方法的加速导入与应用；另一方面，金融发展水平的提升又将通过投资供给增加、交易成本的降低和公司治理方式的改进等实现制造业企业运营成本的下降，莱文将金融体系的功能又具体地细分为五种，即：动员储蓄、配置资源、改善治理、风险统筹和便利交易。进一步地，贝克等人（Beck et al.，2000）研究发现，金融规模对经济增长的长期贡献并非单纯的资本存量改变（或增加），而是对制造业企业全要素生产率（TFP）的提升。我们不难理解，金融规模更能够体现出金融资产在总量上形成的某种趋势和状态。

二、金融结构维度

金融结构系指构成各个金融总体相互之间的分布、存在、相对规模、相互关系以及相互配合的状态。通常经济体的金融总体主要包括银行、证券、保险、信托等金融各业，金融市场，各种信用方式下的融资活动，以及各种金融活动所形成的金融资产。在金融结构发挥对其对出口绩效的影响时，往往能够通过人力资本、技术进步和资源配置优化等路径发挥作用。

在人力资本方面，阳立高等（2018）通过构建选择随机效应模型，运用 FGLS 方法研究发现，人力资本积累对中、高技术制造制造业企业生产省级存在积极的正向影响，相对地，对于低技术制造业企业的影响为负。研究表明人力资本的积累在一定程度上能有效地促进制造业产业的升级。可见，人力资本是比物质、货币等"硬性资本"具有更大的增值空间和弹性变化潜力的"软性资本"。人力资本自身具备的创新性和创造性，人力资本资源的充分利用，有助于资源的有效配置，有助于提高制造业企业对市场的快速反应与及时应变，实现经营战略布局的快速调整。金融结构在人力资本资源培育方面，通过教育、培训、知识、创意、信息等多个角度提升人力资本的整体的素质与能力，并通过实现对制造行业的全要素生产率水平的影响与干预，带动制造业行业的整体再造与升级。

在技术进步方面，由于金融体系中普遍存在着偏好各异的风险资本，它们在追逐风险收益的同时，也在为制造业企业的技术创新、产品创新、工艺创新等提供资金支持，帮助制造业企业纾解经营和研发风险的不确定性，正式资本的持续支持，才促使制造业企业技术进步的步伐不断加快。

在优化资源配置方面，金融结构通过调整制造业资源配置方式来实现对制造业行业再造与升级的影响。大量研究发现，越是发达的金融市场，越能够为那些具有创新精神的制造业企业或厂商提供融资支持，从而有效地使行业进入门槛降低，带来市场竞争环境的改变和竞争程度的提高。梁莹莹（2017）通过实证验证了金融结构完善的国家，尤其是股票市场相对更为发达的国家，对制造业企业外部融资需求程度更高的制造业企业，更多地表现出更为突出的创新水平与能力。

三、金融效率维度

经济学中的效率一般来讲是指投入与产出的关系，故金融效率通常指金融部门的投入与产出，也就是金融部门对经济增长的贡献之间的关系。

金融效率指的是金融体系的市场化程度。白钦先（2001）认为金融效率是金融资源在经济系统与金融系统以及金融系统的内部子系统之间配置的协调度。王振山（2000）指出，金融效率就是指以尽可能低的成本（机会成本和交易成本），将有限的金融资源（货币和货币资本）进行最优配置以实现其最有效的利用。在本研究中，金融效率被界定为储蓄—投资的转化效率，金融效率提升，将促进制造业的资本形成、加快技术成果转化速度，形成对制造业产业升级的直接影响，此外，金融效率还通过影响经济增长和生产性服务业的发展，间接影响制造业产业升级。许潇文（2015）通过对我国金融效率与经济增长关系的检验，研究发现金融效率改善具有促进经济增长的作用，并呈现出一定的区域差异性。在经济发达地区，金融效率改善对经济增长的促进作用相对较强；而在经济落后地区，金融效率改善对经济增长的促进作用相对较弱。

第二节   基于需求侧的金融支持对制造业出口绩效的影响机制

一、基于需求侧的微观机制的提出

在需求侧，金融支持有助于缓解制造业企业的融资约束，满足其融资需求。制造行业中大量制造业企业本身具备资本密集型特征，即在技术研发等过程中往往需面临资金投入时间长、系统性风险高和资金回流周期长等诸多现实问题，尤其当制造业企业实施出口战略时，由于其国外市场相比国内市场将支付更高的沉没成本，因此，只有资金流动性充足的制造业企业才有可能获得海外市场。在此，本书从围观制造业企业层面探寻金融支持对制造业出口绩效的影响机制。

二、微观机制设计

在上述供给侧分析中，我们结合构建的金融支持的三条路径，从宏观层面，围绕金融规模、金融效率和金融结构展开金融支持对制造业出口绩效的影响机制分析。在这一部分，我们将从微观层面，即以制造业企业为主体，并基于 Helpman 的制造业企业异质性理论构建制造业企业出口绩效影响因素的理论模型。本书拟构建的制造业企业层面理论模型，Helpman et al.（2004）模型为基础，并进行了扩展，将其运用至对中国制造业企业对出口绩效的影响分析之中[①]。依据 Helpman et al.（2004）研究中有关理论模型的基本思想，本书将构建如下理论模型：

我们假设在经济社会中共有 n 个国家（地区）和两类制造业细分部门，且各国家的唯一国家标号分别为 $1,2,\cdots,n$。为确保本书的理论模型的适用性，我们在此选择任意一个国家 i 作为我们的研究对象，且 $i \in \{1,2,\cdots,n\}$；同时，我们假设在两类制造业行业细分部门中，一类经济部门生产同质产品，另一个部门则生产差异性产品，其中生产的同质性产品采用记账单位来表示（记为 Numeraire），并假设产品在世界各国均可以生产。接下来我们将分析来自国家 h 的制造业企业将如何制定其经营决策，即该制造业企业是否选择效益最大化开展生产。

首先，模型假定存在常替代效用函数（即 CES 效用函数），其表达式为：

$$U = \left[\int_{x \in \Omega} q(\omega)^{\alpha} d\omega \right]^{\frac{1}{\alpha}} \qquad s.t. \quad p_i(\omega) q_i(\omega) = E \cdots\cdots\cdots\cdots (3.1)$$

其中 $q(\omega)$ 代特定产品 ω 的消费量，Ω 为全部生产产品的集合。用 α 代表任意两种生产产品间的替代关系，且根据假设，生产制造业企业的 α 将满足 $\alpha \in (0,1)$。利用效用函数最大化，我们可以求得国家 i 的某个制造业企业 j 所生产产品的需求函数为：

$$x_{ji}(\omega) = \frac{E_i}{P_i} \left[\frac{p_{ji}(\omega)}{P_i} \right]^{-\varepsilon} \cdots\cdots\cdots\cdots\cdots\cdots\cdots\cdots\cdots (3.2)$$

在（3.2）式中 $q_{ji}(\omega)$ 表示为制造业企业 j 在国家 i 所销售的商品数量，E_i 代表国家 j 总的支出水平，P_i 表示国家 i 的价格指数，$p_{ji}(\omega)$ 代表制造业企业 j 在国家 i 所销售的商品 ω 的价格，ε 代表其需求弹性，并且依条件，满足：$\varepsilon = 1/(1-\alpha) > 1$。

假设国家 i 国内有多家制造业企业，且制造业的生产率水平各异，我们以 θ 代表制造业企业的生产率水平，如果，它的累积分布函数记为 $M(\theta)$，同时我们令 N_i 为国家 i 的需求水平，那么，有 $N_i = E_i / (a_{ji} P_i^{1-\varepsilon}) \sqrt{a^2 + b^2}$；这样，在规模报酬不变的假设前提下，国家 i 对任意一家制造业企业 j 所生产的工业产品的需求函数可表达为（3.3）式：

$$q_{ji}(\omega) = a_{ji} N_i P_{ji}(\omega)^{\sigma} \cdots\cdots\cdots\cdots\cdots\cdots\cdots\cdots (3.3)$$

其中 a_{ji} 为与国家 i 和制造业企业 j 相关的特定需求参数，用来描述不同制造业企业各自的产品偏好等特征。设 a_{ji} 的累积概率函数为 $F(\alpha)$，则 $F(\alpha)$ 能够反映出国家 i 与制

① E Helpman, MJ Melitz, SR Yeaple. Export versus FDI with heterogeneous firms[J]. The American Economic Review,2004（03）: 300-316.

造业企业 j 间的特质差异。

三、不同情形的分析与讨论

接下来我们将进行来自国家 i 的制造业企业是否选择产品出口的分析：

第一种情况：假设在某一代表性制造业企业 j 仅在国内生产，则此时制造业企业 j 所面临的可变成本为 C_i/λ_j，固定成本为 F_i^0。那么，如果制造业企业 j 若选择国内生产，且同时将产品出口到国外，则需增加贸易成本（即国际贸易中的冰山成本）$\pi_{ji} \geqslant 1$（当 $\pi_{ji} = 1$ 时则只在国内销售），π_{ji} 一般用来反映两国之间所发生的运输成本以及进口国 m 对出口国 i 所征收的进口关税。此外制造业企业还需支付发生在海外市场的固定成本 F_m^1。

当然，对于制造业企业 j 而言，还可以基于经营需要，选择全球价值链整合或产业升级，即选择在 m 国投资建设制造业企业（厂），将其所生产的工业品直接供应至海外市场，这种情况下，制造业企业相当于对 m 国进行了生产性的国际直接投资。此时需要支付固定成本。

如果制造业企业欲到东道国 j 投资建厂，所生产的产品并用来供应海外市场，则意味着制造业企业对东道国 j 开展了直接投资，那么则需要支付固定成本 F_m，并且同时满足 $F_i > F_m^1$。参考和依据 Helpman et al.（2004）的研究假设，本书亦假设国际市场中的技术要素可自由流动，且各国对于同类工业品的制造业企业生产率相同，那么，对于出口国（或国际直接投资的东道国）i 而言，都可得到如下表达式：

$$\left(\frac{C_i}{C_m}\right)^{\varepsilon-1} \quad F_i > \left(\pi_{ji}\right)^{\varepsilon-1} F_m^1 > F_m^0 \cdots\cdots\cdots\cdots (3.4)$$

在这种情形下，对于国家 i 的生产率水平达到 λ 的制造业企业而言，其经营决策为仅仅面对国内市场，亦或面向国际市场销售（即国内生产，再出口至国家 m，两类情况将面临不同的边际成本情况，具体分别为：

$$MC\left(\lambda_j\right) = \begin{cases} C_m/\lambda_j \\ C_m\pi_{ji}/\lambda_j \end{cases} \cdots\cdots\cdots\cdots\cdots\cdots (3.5)$$

在上述两类不同的经营选择下，制造业企业 j 的最优定价策略应该满足下式：

$$P_{ji} = \begin{cases} C_m/\alpha\lambda_j \\ \pi_{ji}C_m/\alpha\lambda_j \end{cases} \cdots\cdots\cdots\cdots\cdots\cdots (3.6)$$

在上述研究框架中，如果我们考虑当制造业企业 j 在本国生产的情形，那么，制造业企业 j 将不会进行海外投资，那么根据 Helpman et al.（2004）的研究结论，制造业企

业 j 应选择价格 $P_{ji} = \pi_{ji} C_m / \alpha \lambda_j$ ，使得（3.7）式中的 Π_j^X 最大化，即：

$$\Pi_j^X = (1-\alpha) P_{ji} X_{ji} - F_m^0$$

$$= (1-\alpha) \frac{\pi_{ji} C_m}{\alpha \lambda_j} \cdot a_{ji} A_{ji} \left(\frac{\pi_{ji} C_m}{\alpha \lambda_j} \right)^{-\varepsilon} - F_m^0 \quad\cdots\cdots\cdots\cdots\cdots\text{（3.7）}$$

$$= a_{ji} B_i \left(\frac{\pi_{ji} C_m}{\lambda_{ji}} \right)^{1-\varepsilon} - F_m^0$$

其中： $B_i = (1-\alpha) \alpha^{\varepsilon-1} A_i$ 。

第二种情况：假设某制造业企业 i 通过海外投资而开拓国际市场，即通过到国外生产，再出售产品，此时，则面临可变成本为 C_i / λ_i 的发生，以及在国家 m 开展生产时所发生的成本 F_m ，此时制造业企业 i 应选择价格 $P_{ji} = C_i / \lambda_j$ ，并实现下式（3.8）式中的利润 Π_j^I 最大化，即：

$$\Pi_j^I = (1-\alpha) P_{ji} X_{ji} - F_i$$

$$= (1-\alpha) \frac{C_i}{\lambda_j} \cdot a_{ji} A_{ji} \left(\frac{C_i}{\lambda_j} \right)^{-\varepsilon} - F_i \quad\cdots\cdots\cdots\cdots\cdots\text{（3.8）}$$

$$= a_{ji} B_i \left(\frac{C_i}{\lambda_j} \right)^{1-\varepsilon}$$

由上述分析可知，若使制造业企业 i 选择海外投资生产的条件成立，则需有 $\pi_i^I > \pi_i^X$ ，即：

$$a_{ji} B_i \left(\frac{C_i}{\lambda_j} \right)^{1-\varepsilon} - F_i > a_{ji} B_i \left(\frac{\pi_{ji} C_m}{\lambda_j} \right)^{1-\varepsilon} - F_m^o \quad\cdots\cdots\cdots\cdots\cdots\text{（3.9）}$$

这样，我们能够进一步得出：

$$\theta_j > \left\{ \frac{F_i - F_m^0}{a_{ji} B_i \left[C_i^{1-\varepsilon} - \left(\pi_{ji} C_m \right)^{1-\varepsilon} \right]} \right\}^{\frac{1}{\varepsilon-1}} \quad\cdots\cdots\cdots\cdots\cdots\text{（3.10）}$$

我们将此生产率水平的下界定为 $\overline{\theta_n}$ ，即：

$$\overline{\theta_n} = \left\{ \frac{F_i - F_m^0}{a_{ji} B_i \left[C_i^{1-\varepsilon} - \left(\pi_{ji} C_m \right)^{1-\varepsilon} \right]} \right\}^{\frac{1}{\varepsilon-1}} \quad\cdots\cdots\cdots\cdots\cdots\text{（3.11）}$$

为方便我们对（3.11）式两边取对数，得：

$$\ln \overline{\theta_n} = \frac{1}{\varepsilon - 1} \left\{ \ln \left(F_i - F_m^0 \right) - \ln a_{ji} - \ln B_i - \ln \left[C_i^{1-\varepsilon} - \left(\pi_{ji} C_m \right)^{1-\varepsilon} \right] \right\} \cdots (3.12)$$

由（3.10）、（3.11）、（3.12）式可知，若制造业企业 i 选择到国家 m 开展海外投资生产，则该制造业企业的生产率水平应满足 $\theta_i > \overline{\theta_n}$，否则制造业企业会选择仅在国内生产（当然这种情况还可能包括生产产品的出口）[①]。

由此可见，对于异质性制造业企业而言，其经营决策受到制造业企业生产率水平的影响和制约，而且只有当制造业企业生产率水平达到某一特定的阈值时，生产制造业企业才具备海外投资生产的可能，故生产率水平越高的制造业企业，其产品出口，抑或通过开展国际化经营的倾向性就越强。关于这一机制检验，我们将在第五章和第六章通过实证检验的方式予以验证和解决。

第三节　不同融资模式下的金融支持对制造业出口绩效影响机制

对于有融资需求的制造业企业而言，依据优序融资理论，制造业企业在外源性融资中一般遵循先债权融资，再股权融资的顺序。相关研究表明，不同制造业企业在差异化的融资模式下，其融资结构构成比例不同，对具有创新和技术升级需要的制造业企业而言，其创新活动以及创新收益的影响也存在显著差异，具体的影响路径可归纳为以下三方面：首先，因融资模式变动而发生对即有资产结构的改变；其次，由于资本结构改变而产生新的市场信号，从而影响制造业企业的市场价值表现；最后，借助负债给管理者增加压力和负担，激发管理者责任心和进取心，从而影响制造业企业的市场地位。

一、债权融资模式

（一）破产成本效应

破产成本是指制造业企业用于支付财务危机的成本，通常发生于负债率较高的制造业企业。制造业企业在负债情况下，由于经营不善，无法到期还本付息，而可能引发的由于破产而致的制造业企业价值损失。破产成本负向作用于制造业企业创新收益，且从制造业企业获得融资开始威胁即存在，直至项目研发成功，但是，这种价值损失尚属于一种潜在的成本。

---

① 如前文所述，关于非对外直接投资制造业企业是否参与出口活动不在本书的分析范围之内。

（二）监督成本效应

监督成本是指在信贷投放前，因债权人顾虑而发生的债权人与制造业企业间实施相关监督而付出的价值损失。鉴于市场上信息不对称、契约不完备以及所有权与经营权分离等问题存在，债权人为防止债务人"损人利己"的行为，理性的债权人在信贷投放前通常会采取设置资产抵押门槛或提高利息率的方式实现对制造业企业行为的监督，即产生监督成本。通常债权人利用市场机制，可成功地将这项监督成本转嫁与制造业企业（如图 3.1 所示）。可见，监督成本一方面为制造业企业融资设置门槛加大难度，另一方面也使制造业企业经营成本增加。

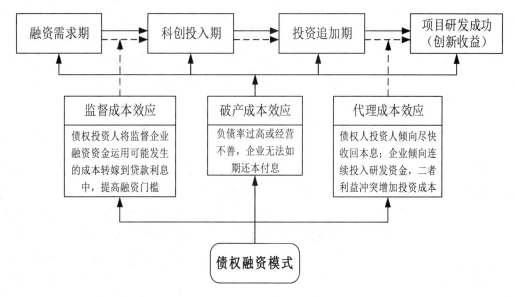

图 3.1　债权融资对制造业企业科技创新收益影响的路径图

（三）代理成本效应

代理成本主要产生于贷款发生后，债权人和制造业企业之间由于信息不对称产生投资目标差异而引发的利益冲突，即当制造业企业贷款到期且拥有流动性时，制造业企业面临着在到期还款和续贷或展期间的抉择问题。对于债权人而言，由于其所获得的收益为固定收益，因此无须关注研发项目的成败以及项目的预期回报，只要制造业企业能够如期偿还债务，其利益即可保证。对于制造业企业而言，在获得债权融资后，通常选择在净现值大于零的研发项目中投资，制造业企业是项目成功的最大获益者，故更关注项目成败，当项目研发到关键阶段时，更加注重资金投入的持续性，此时便产生了债权人与制造业企业间的"利益冲突"。就代理成本而言，债权融资业务中，在融资制造业企业技术创新成本不断提高、持续面临亏损的财务信息面前，投资者更关心债权及利息的安全问题，自然更倾向于早日收回对融资制造业企业的贷款本息，往往在对融资制造业企业施加影响时，对资金在技术创新方面的持续性投入发挥负效应，从而提高制造业企业的代理成本，甚至在关键时刻会制约技术创新的进程，极有可能导致原本可获成功的技术创新因后续资金不足而搁浅或无法实现更完美的技术突破，继而无法获得市场经济回报，降低技术创新的综合效益。故代理成本将负向作用于制造业企业创新收益。

二、股权融资模式

（一）资金使用成本效应

依据融资结构理论，在股权投资中，投资人风险高于债务融资，因此相应的融资成本也高。此外，依据财务制度规定，股息需完税后支付，且不能减税，即在支付股息时需要同时支付个人所得税和制造业企业所得税，这将使得借助股权融资的制造业企业失去减税优惠，并背负双重税负。因此，股权融资通过增加资金使用成本而减少制造业企业创新收益。

（二）代理成本效应

股权融资下的代理成本一般发生于投资人考量股权融资的可行性时，主要表现为投资者对制造业企业职业经理人（经营者）的不信任，对制造业企业因经营不善而导致的亏损却需要由投资者和制造业企业共同分担而心存顾虑。相关研究认为，相对于债权融资，制造业企业凭借股权融资而获得的资金量更大，且无偿债压力，基于此，制造业企业采取股权融资的意愿将增强。与此同时，由于职业经理人又普遍存在扩大制造业企业规模的偏好和增强谋取个人利益的边际倾向，在这种情况下，股权融资者的投资意愿将降低，由此，在投资者与职业经理人之间产生代理成本，并影响制造业企业获得股权融资，最终将不利于制造业企业创新收益的提高。

（三）控制权成本效应

控制权成本发生于股权融资后，制造业企业经过股权融资，其内部股权结构随之发生改变，即形成"大—小股东"格局，这种结构往往会带来对制造业企业管理者行为的激励或约束，从而产生控制权成本，具体表现在：当制造业企业引入投资并运行一段时间后，在技术创新局势基本明朗但尚需要继续追加投资时，大小股东利益诉求不同。通常，大股东在面临项目研发即将成功时，将更倾向债权融资，因为他知悉项目大获成功的概率很高，而此时股权融资将稀释其自身股比，导致未来的分配收益减少。对于小股东而言，采取何种融资方式对其收益影响差异不大。此时，如果大股东由制造业企业担当，融资方式选择权在制造业企业，制造业企业可选择对其利益最优的融资方式（如债权融资）；如制造业企业担当小股东，则制造业企业在融资方式选择上的话语权大幅降低，此时制造业企业若想采取股权融资，则很难获得大股东的支持，即面临控制权成本，从而不利于制造业企业创新收益的获得（路径图如图 3.2 所示）。

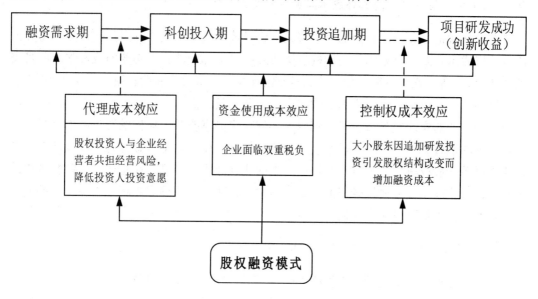

图 3.2　股权融资对制造业企业科技创新收益影响的路径图

三、投贷联动模式

伴随对 M-M 理论研究深化，其假定条件也不断放松，以此为基础也相继产生以优序融资理论和权衡理论为代表的融资结构理论，投资者和企业对债权融资与股权融资的理解与认识也更加清晰。与一般企业不同，科创企业首先具备资金需求迫切、轻资产等特征，国家对于科技创新型企业又给予包括实施税收优惠等多项扶持政策。对于科创企业融资，单一采取何种融资方式都存在一定弊端。因此，在融资支持上，借鉴英国、美国等做法，积极推动新型融资模式——投贷联动，并在 5 个国家自主创新示范区实施投贷联动试点。从投贷联动实施模式（债权+股权）出发，结合上文对传统融资模式影响分析，投贷联动对企业创新收益的影响并非是上文中债权融资和股权融资的简单叠加，而是存在一定相互作用，具体体现在以下几个方面。

（一）减轻破产成本效应

在投贷联动融资模式下，科创企业负债情况极大改善，而且避免高负债率发生。通过投贷联动，企业既可以相应获得贷款资金，以保障其经营活动必须的流动性需求，还可以借助投贷联动的市场信誉来吸引其他各界投资，提高其声誉，扩展销售渠道。科创企业在合理负债的水平下，其融资信誉度得以保证，极大地避免陷入财务风险困境，从而消除由于高负债而产生的破产成本效应。

（二）中和债权融资的监督成本与股权融资的代理成本

在设计融资方案时，我们知悉监督成本将导致债权融资成本升高，代理成本将导致股权融资成本升高。可见单一的债权融资或股权融资都无法回避必要的成本支出所带来的负效应。但是，在投贷联动模式下，商业银行通过信贷投放和股权融资相结合的方式，很好地将单一融资模式下的成本负效应进行中和。具体而言，商业银行利用股权投资，可以参与企业的实际经营与决策，利用这一信息优势克服单一债权融资下由于信息不对称所导致的监督成本；相应的，通过一定的债权融资比例，将本金与利息收益锁定，有助于克服单一股权融资中因风险共担而产生的代理成本。可见，在企业相同融资规模的情形下，投贷联动促使债权融资的监督成本与股权融资的代理成本相互中和，使投资人和企业两者的整体融资成本降低。

（三）有效降低债权融资的代理成本负效应

在科创企业获得贷款后，当同样面临续贷或展期需求时，投贷联动比单一债权融资更易获得投资人的支持。因为，通过投贷联动，投资人参与实际经营，能够对项目研发前景拥有对称信息优势，此时追加投资，不仅可获得利息收益，同时，由于投资人占有一定股权比例，作为股东还可以通过项目成功而获得可观的项目分红收益。因此，投贷联动有效地降低了单一债权融资的代理成本，有助于科创企业融资安排，有利于科创企业的创新效益提高。

（四）弱化资金使用成本效应

股权融资下，由于所得税的存在使得股权融资企业必须承担股息所得税等双重税负。对于科创企业，因政府的税收减免政策，可以在一定程度上对上述税负负担进行冲抵，使得科创企业股权融资双重税负的包袱大大减轻。因此，资本使用成本对创新收益的不利影响可大幅减少。

（五）削弱控制权成本效应

控制权成本由股权融资下的股权结构差异所致，在投贷联动融资模式下，投资人与单一融资方式考虑不同，在投贷联动业务中，商业银行利用市场信号等外部信息，结合对控股企业经营决策的参与，保障投资人对科创企业经营管理的信息优势，从而更有助于投资人知悉科创企业长期发展战略与决策，对创新活动的风险预知也更为理性，因此，对于投贷联动模式下的投资追加，投资人不论采取何种投资方式，对其未来收益的预期都将是乐观的，投资人也愿意继续参与投资。从企业角度出发，在研发的关键时刻，若企业担当大股东，投资人担当小股东，则企业更倾向于举债获得持续融资；若企业担当小股东，则更倾向于股权融资。投资人和企业的利益不存在实质的冲突，促使在投资者信心提升的同时，使得追加投资的融资选择成本大幅降低，即削弱了控制权成本对创新

收益的不利影响

综上，我们认为，投贷联动这种新型融资模式充分融合和发挥债权融资和股权融资的优势，与传统融资模式相比，降低投资人的综合管理成本，投贷联动将成为更适合科创企业缓解融资约束的创新型融资模式（路径图如图3.3所示）。

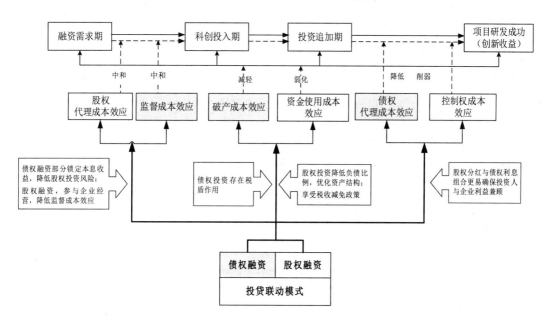

图3.3　投贷联动融资模式对企业科技创新收益影响的路径图

四、三种融资模式下的制造业企业创新收益数理模型构建——基于投融资双视角

（一）基于双边效益的基准模型构建

制造业企业的科技创新活动是一项复杂而长期的活动，由于项目本身具有风险高、不确定性大和信息不对称等特征，因而其市场风险较大。我们假设在信息非对称的情形下，企业外部融资渠道可自由决策，即基于资本市场的股权融资和基于银行信贷体系的债权融资。借鉴斯蒂格利茨（Stiglitz，2001）[20]、阿吉翁和豪伊特（Aghion and Howitt，2014）[21]和李冲（2017）[22]的有关金融制度与企业技术创新的理论形式，分别从制造业企业和投资人两个视角设计并构建收益函数。

首先，我们定义研究对象分别为科技创新企业法人、股权所有人和债权人。其中股票所有人将依据持有制造业企业的股份而获得收益，用 S 代表其占有的股份，亦或企业可通过贷款获得融资，并假设市场利息率为 r；其次，由于科技创新的资金投入存在风险，用 λ 表示风险程度，且定义 $\lambda \in [1, \infty)$。

在不考虑企业内部融资的框架下，科技创新所需融资将全部来自外部融资，且所需的全部融资额设为 I，如企业科技创新成功，则将为企业带来 E 单位收益，反之收益为0。设企业科技创新成功的成功概率为 p，且有 $p \in [0,1]$。此时，项目成功企业所获得的总收入为 $p \cdot E$。

定义存在三个参数 α、β、λ，满足 α、$\beta \in [1,\infty)$。其中，α 代表科企业法人为科技创新活动的努力指数，β 代表股权所有人发生的管理投入指数。依据李冲（2017），存在 $p = (\alpha\beta)/\lambda$（为保证 p 值合理性，必有 $\alpha\beta \leq \lambda$），我们对其取一阶偏导可得：

$$\frac{\partial p}{\partial \alpha} > 0 , \quad \frac{\partial p}{\partial \beta} > 0 , \quad \frac{\partial p}{\partial \lambda} < 0$$

依据上式，科技创新成功的概率将伴随企业法人为科技创新活动的努力指数（α）和股权所有人发生的管理投入指数（β）的增加而加大，伴随风险程度（λ）的增加而降低。

鉴于参与科技创新的企业法人，无论最终是否成功，都需要先行发生一定的固定成本，由于固定成本与企业法人的努力指数、股权所有人的管理投入指数和项目成功概率等紧密相关，因此也需要计入收益函数中。借鉴阿吉翁（Aghion，2015）中关于企业科创活动"投入-产出"模型中的有关结论，同样设定企业法人为科技创新活动做出努力的固定成本为 $\alpha^2/2$，股权所有人管理投入的固定成本为 $\beta^2/2$。当企业科技创新活动所需的外部融资全部获得融资支持而实施项目后，其项目收益函数可表达为：项目收益＝项目收入－项目支出，其中项目收入在债权融资下和股权融资下分别可表示为：$\alpha E/\lambda$ 和 $(\alpha\beta)E/\lambda$。

同时，本书假定，制造业企业面临的融资需求为 I，且全部通过外源融资获得，当采用投贷联动模式时，I 由债权融资 I_1 和股权融资 I_2 获得。

基于以上内容，本书基于制造业企业和投资人双视角，分别构建其收益函数的基准形式如下：

债权融资模式：
$$\begin{cases} \text{投资人收益：} & R = r \cdot I \\ \text{科创企业法人收益：} & R = \dfrac{\alpha}{\lambda} E - I(1+r) - \dfrac{\alpha^2}{2} \end{cases}$$

股权融资模式：
$$\begin{cases} \text{投资人收益：} & R = \dfrac{\alpha\beta}{\lambda} ES - I - \dfrac{\beta^2}{2} \\ \text{科创企业法人收益：} & R = \dfrac{\alpha\beta}{\lambda} E(1-S) - \dfrac{\alpha^2}{2} \end{cases}$$

投贷联动模式：
$$\begin{cases} \text{投资人收益：} & R = \dfrac{\alpha\beta}{\lambda} ES - I_2 - \dfrac{\beta^2}{2} + I_1 r \\ \text{科创企业法人收益：} & R = \dfrac{\alpha\beta}{\lambda} E(1-S) - I_2(1+r) - \dfrac{\alpha^2}{2} \end{cases}$$

接下来，我们将基于上述基准模型，分别在单一股权融资和单一债券融资，以及信贷投放+股权投资相结合的投贷联动等融资模式下，探寻满足项目投资人和科创收益最大化条件的创新风险边界值，最终分析确定制造业企业的最优融资模式。

（二）传统单一债权融资金融支持模式分析

1. 投资者角度

当企业科技创新活动所需的外部融资（I）全部通过债权融资获得时，对于债权人而言，将通过获得企业利息而获得经济收益，当市场利息率为 r 时，债权人即投资人的收益是固定的利息收入，如下所示：

$$R = r \cdot I$$

2. 制造业企业角度

在获得债权融资后，科技创新企业法人所获收益 R_r 可表示为：

$$R_r = \frac{\alpha}{\lambda} E - I(1+r) - \frac{\alpha^2}{2} \qquad (3.13)$$

由于投资人收益为不变的常数，因此收益最大化只能利用科技创新企业法人收益函数计算。接下来，对（3.13）式求对 α 的一阶偏导，可得到债权融资渠道下，科技创新企业法人的最优努力指数为：

$$\alpha_1^* = \frac{E}{\lambda} \qquad (3.14)$$

同理，再将（3.14）式代入（3.13）式，可得科技创新企业法人的最大化收益为：

$$MAX(R_r) = \frac{E^2}{2\lambda^2} - I(1+r) \qquad (3.15)$$

相似地，债权人能否收回本金和利息完全取决于项目企业创新活动的成败，因此，只有当项目企业的科技创新活动能够获得收益时，才可能实现债务融资。此时必然存在 $MAX(R_r) \geq 0$，将其代入（3.15）式可得出债权融资下的科技创新项目风险边界值为：

$$\lambda_1^* \leq \sqrt{\frac{E^2}{2I(1+r)}} \qquad (3.16)$$

（三）传统单一股权融资金融支持模式分析

1. 投资人角度

当企业科技创新活动的外部融资（I）仅通过股权融资获得时，对于股权所有人而言，将通过持有企业的股份而按比例获得收益，倘若其占有股份比例为 S，那么在获得股权融资后，若创新成功，则投资人即股权人所获收益可表示为 R_s：

$$R_s = \frac{\alpha\beta}{\lambda} ES - I - \frac{\beta^2}{2} \qquad (3.17)$$

按照相同方法，通过对（3.17）式的 α 求一阶偏导我们可求出股票所有人的最优管理投入指数（3.18）式，并得到最大化收益函数（3.19）式：

$$\beta_2^* = \frac{\alpha}{\lambda} ES \tag{3.18}$$

$$MAX\left(R_s\right) = \frac{\alpha^2 E^2 S^2}{2\lambda^2} - I \tag{3.19}$$

2. 制造业企业角度

相似地，在获得股权融资并创新成功后，科技创新企业法人所获收益 R_c 可表示为：

$$R_c = \frac{\alpha\beta}{\lambda} E\left(1-S\right) - \frac{\alpha^2}{2} \tag{3.20}$$

对（3.20）式求对 α 的一阶偏导，可得到股权融资渠道下，科技创新企业法人的最优努力指数为：

$$\alpha_2^* = \frac{\beta}{\lambda} E\left(1-S\right) \tag{3.21}$$

再将（3.21）式代入（3.20）式，可得科技创新企业法人的最大化收益为：

$$MAX\left(R_c\right) = \frac{\beta^2 E^2 \left(1-S\right)^2}{2\lambda^2} \tag{3.22}$$

在上述背景下，股权所有人愿意参与投资的前提是获取利润，因此，只有满足 $MAX\left(R_s\right) \geqslant 0$ 时，股权融资才可能发生。将其代入（3.19）式后，可得到股权融资下的科技创新项目风险边界值为：

$$\lambda_2^* \leqslant \sqrt{\frac{\alpha^2 E^2 S^2}{2I}} \tag{3.23}$$

在上述分析过程中，我们还未能确定制造业企业法人最终会做出何种融资决策。依据优序融资理论和权衡理论，企业在债权融资与股权融资间更偏好前者，本书认同这一现象存在，那么此时对于理性的制造业企业法人而言，这种融资决策将促使其实现自身收益的最大化，即通过债权融资所获收益函数值大于股权融资收益函数值时，选择债权融资对他而言是理性且正确的，故我们得出（3.24）式－（3.26）式：

$$MAX\left(R_r\right) - MAX\left(R_c\right) \geqslant 0 \tag{3.24}$$

即，

$$\frac{E^2}{2\lambda^2} - I\left(1+r\right) - \frac{\beta^2 E^2 \left(1-S\right)^2}{2\lambda^2} \geqslant 0 \tag{3.25}$$

$$\lambda_4^* \leqslant \sqrt{\frac{\left[1 - \beta^2 \left(1-S\right)^2\right] E^2}{2I\left(1+r\right)}} \tag{3.26}$$

即从制造业企业法人收益最大化出发，当 $\lambda \leqslant \lambda_4^*$ 时，制造业企业法人方选择债权融资，反之为股权融资。结合之前的（3.16）式和（3.23）式，我们可进一步确认：

当制造业企业法人面临的科创风险值为 $\left[1, \lambda_4^*\right]$ 时[1]，其最优选择为债权融资，当科创风险值为 $\left[\lambda_4^*, \lambda_2^*\right]$ 时，其最优选择为债权融资。

（四）新型的投贷联动金融支持模式分析

1. 投资人角度

在投贷联动模式下，允许商业银行在传统仅开展信贷投放基础上，通过利用风险资本（VC）或私募股权基金（PE）为制造业企业提供股权融资支持。借助上文的分析结论，对于商业银行而言，具有双重身份：即可通过持有企业的股份而按比例获得股权收益，还可同时获得信贷方式下的利息收入。因此，商业银行收益函数 R_s' 为：

$$R_s' = \frac{\alpha\beta}{\lambda}ES - I_2 - \frac{\beta^2}{2} + I_1 r \qquad (3.27)$$

在上式中，投贷联动模式下其所面临的资金需求（I）将由债权融资（I_1）和股权融资（I_2）两部分构成，其中债权融资比重为 θ，且满足 $\theta \in \left(0, \frac{1}{1+r}\right)$，则有 $I_1 = \theta I$ 和 $I_2 = (1-\theta)I$，对（3.25）式求对 β 的一阶偏导，可得到投贷联动模式下，商业银行股权投资部分的最优管理投入指数及其最大化收益函数分别为：

$$\beta_3^* = \frac{\alpha}{\lambda}ES \qquad (3.28)$$

$$MAX\left(R_s'\right) = \frac{\alpha^2 E^2 S^2}{2\lambda^2} - (\theta r + \theta - 1)I \qquad (3.29)$$

2. 制造业企业角度

对于科技创新企业法人而言，那么在投贷联动模式下，科技创新企业法人所获收益 R_c' 可表示为：

$$R_c' = \frac{\alpha\beta}{\lambda}E(1-S) - (1-\theta)I(1+r) - \frac{\alpha^2}{2} \qquad (3.30)$$

同理，对（3.24）式求对 α 的一阶偏导，可得到投贷联动模式下，科技创新企业法人的最优努力指数为：

$$\alpha_3^* = \frac{\beta}{\lambda}E(1-S) \qquad (3.31)$$

再将上面的（3.31）式代入（3.30）式，可得科技创新企业法人的最大化收益为：

---

[1] 由 $\lambda_4^* \leqslant \sqrt{\dfrac{\left[1-\beta^2(1-S)\right]E^2}{2I(1+r)}}$ 和 $\lambda_2^* \leqslant \sqrt{\dfrac{E^2}{2I(1+r)}}$ 表达式，显然满足 $\lambda_4^* < \lambda_2^*$。

$$MAX\left(R_c\right)=\frac{\beta^2 E^2\left(1-S\right)^2}{2\lambda^2}-\left(1-\theta\right)\left(1+r\right)I \tag{3.32}$$

当然，商业银行愿意且能够实施投贷联动进行融资支持的前提仍是获得收益，即需满足：

$$MAX\left(R'_s\right)\geqslant 0 \tag{3.33}$$

我们继续将（3.28）式代入（3.27）式后，可得到投贷联动下的科技创新项目风险边界值为：

$$\lambda_3^*\leqslant\sqrt{\frac{\alpha^2 E^2 S^2}{2\left(1-\theta-\theta r\right)I}} \tag{3.34}$$

显然，依据假设条件 $\theta\in\left(0,\dfrac{1}{1+r}\right)$，故（3.34）式成立，且 $0<\left(1-\theta-\theta r\right)<1$。至此，我们已分别推导出三种不同融资渠道下的科技创新项目风险程度边界值：λ_1^*、λ_2^* 和 λ_3^*，并且显然三者间关系为（如图 3.4）：

$$\lambda_3^*>\lambda_2^*>\lambda_1^* \tag{3.35}$$

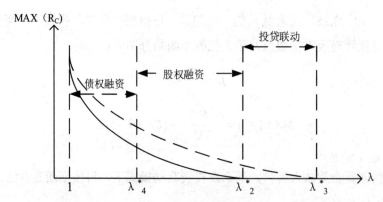

图 3.4　不同融资渠道下的科技创新企业收益函数与风险程度边界示意图

我们不难发现，债权融资与股权融资在推动制造业企业科技创新活动中发挥着重要作用。而对比单一的股权融资和债权融资，投贷联动模式对制造业企业开展科技创新活动中的风险承担的承受能力更强，具体表现为将创新风险边界值向右侧推移（如图 3.4 所示），这对于科技创新企业科技创新成果产出增加与创新收益提升极为有利，具体表现在：

一方面，传统融资模式适合创新风险较低的项目融资。依据图 3.4 中的三种融资模式的创新风险边界值可知，在不同的创新风险临界值下，企业可选择的融资方式不同。

其中债权融资对企业创新风险的可接受水平（临界值）最低。依据优序融资理论和权衡理论，尽管债权融资是企业的首选融资模式，但在实际操作中，只有当企业创新活动风险较低时方可获得信贷融资支持，而当企业创新风险水平超过特定值即 λ_4^* 时，将无法顺利获得贷款支持。这是由于，项目成功概率与项目创新风险呈反向关联，伴随项目创新风险提高，项目成功概率降低。当企业企图通过债权融资获得融资支持时，商业银行作为投资人通常具备风险厌恶性，通过信贷投放，其收益就是固定利息，因此投资者仅关注收回本金及利息的安全问题。对于研发风险过高的项目，由于预期收益固定，而收回本金风险过高，因而投资者本能地产生惜贷行为。因此，传统融资模式下的债权融资，适合在创新风险较低的项目中发挥融资作用。

在股权融资模式下，如图 3.4 所示项目创新风险边界被向右侧最近，即投资者能够接受或者企业可承担的创新风险临界值增高至 λ_2，这意味着股权融资模式对项目成功概率的要求低于债权融资。这是因为股权融资的投资方通过对融资企业的技术创新实施一定的经营管理，在项目研发的进程与预期上比债权融资的投资方更具信息优势，即对技术创新的转化应用前景更具理性和前瞻性。因此，无论在融资的时间和规模方面都更具柔性，对融资企业施加影响时会降低负效应，甚至在技术创新的关键时刻往往会追加融资的积极性，进而推动技术创新的速度和进程，使技术创新更为彻底和高效，在后续的市场竞争中也更有竞争力，更易产生技术创新的综合效益。

另一方面，投贷联动有助于放松投资人对创新项目风险的容忍度的。相比较传统的融资模式，投贷联动模式在保证投资人收益最大化的前提下，使得企业可承担项目风险边界值扩大至 λ_3，亦即表明投资者和企业对于可接受或承担的项目风险均高于前述任何一种传统融资模式，这对于制造业企业研发投入增加和自主创新能力的提高起到积极的促进和激励作用。因为，制造业企业与一般的创新企业不同，资产构成以知识型轻资产为主，经营活动以高投入、高风险为典型特征。项目研发一旦成功，收益巨大，但研发过程却往往对资金投入规模和持续性有较高要求。

从作为投资人的商业银行看来，投贷联动有效地避免了外部资金提供者对创新项目有效信息的严重信息不对称问题。作为制造业企业，尤其是初创期或成长期的企业，其拥有的知识技能和人力资本等无形资产比重远大于固定资产，这对其开展债权融资是极为不利的，但是，在投贷联动中，商业银行同时作为项目股权投资人会基于其自身的理性与眼界，减轻对制造业企业生产运营中物化资本的要求，并愿意为企业提供更多的创新研发资金，因此，对于对资金有着长期持续要求的制造业企业而言，投贷联动无疑是一种有利其创新与研发融资的新型融资模式。

第四章　金融支持对制造业企业出口影响的现状分析

李克强总理在国务院常务会议中指出，制造业具有基础性支撑作用。要用改革办法和市场化措施，充分激发市场主体活力，增强发展动能，促进制造业稳增长。会议明确了促进制造业稳增长的四大措施：一要推进改革创新；二要大力发展先进制造业；三要扩大制造业开放；四要深挖内需潜力。特别强调建立金融支持制造业相关机制。制造业在国家发展之中十分重要，应该发挥市场的基础作用，更要注重宏观调控，将市场和政府"两只手"协调发展，更好地发挥金融支持在制造业出口的重要作用。

第一节　制造业企业出口总量现状分析

出口绩效，其中二元边际为集约边际和扩展边际，二元边际指的是在新新贸易理论中，把一个国家的出口贸易增长分别划分为集约边际（intensive margin）和扩展边际（extensive margin）。集约边际是指商品价格变化引起的某一消费者的需求量（正消费量）的变化。例如，降低产品价格而引发销量的提高。中国制造业出口在数量上呈现逐年增加，同时出口质量也在不断提高，由劳动力密集型产业向高技术产业发展。扩展边际则指的是有新的企业或新的产品进入市场。例如，华为手机为了提高市场竞争力，不断研发新型手机。中国制造业的行业数量不断增加，目前由纺织品向汽车、计算机、通信类制造业转变，中国制造企业协会与 2020 年 1 月 20 日更新的数据显示，中国制造业会员企业已经增加至 400 家。显示我国制造业处于不断发展之中。

一、出口规模不断扩大

改革开放之后中国出口贸易得到了迅猛发展，对外出口量趋于稳步上升。中国凭借廉价的劳动力在制造业行业出口占绝对优势，中国制造业以加工贸易为主，以其独特的价格优势在世界制造业中独占鳌头，具有较强的竞争优势。

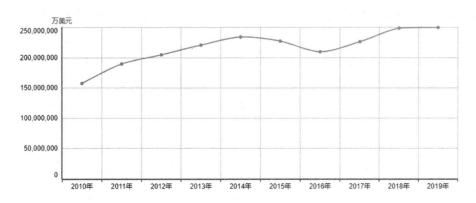

图 4.1　2010－2019 年中国出口总额图

数据来源：根据《中国经济社会大数据研究平台》整理可得。

由上图可知，2010 年到 2019 年之间中国出口总量由 15777.5 亿美元增长到 24990.3 亿美元，虽然 2016 年出现下降，但总体上仍然是上升趋势，表明中国制造业出口规模总体不断扩大。

2000 年到 2014 年间，在全球经济一体化的大潮流下，我国制造业水平不断发展，出口总量不断增长。2014 年制造业出口总量为 23422.9 亿美元，是 2002 年的 7.43 倍。不仅仅制造业出口的总量在变化，出口的结构也在不断地变化。

我国制造业出口总额从 2000 年的 3150 亿美元上升到 2014 年的 23422.9 亿美元，年平均增长速度达到 20.45%。从增长速度的变化趋势来看，可以分为三个阶段。见图 4.2。

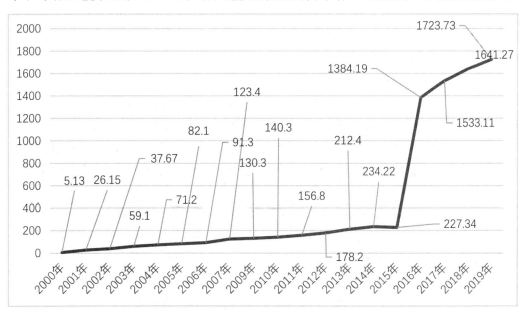

图 4.2　2000－2019 年我国制造业出口额

数据来源：《国家统计局》，单位：百亿万元。

从 2000 年到 2008 年将被视为第一阶段，在这段时间内，在加入世界贸易组织之后，我国的贸易出口额不断增长，而且增幅较为平稳。

从 2008 年到 2010 年将被视为第二阶段，由于受到全球经济危机的影响，在 2009 年我国的出口出现了负增长，为了转变经济危机带来的影响而提出的一系列优惠政策以及积极的刺激政策，在 2010 年，我国的出口市场停止了负增长的现象，并且出现了回升的趋势。

从 2010 年到 2014 年将被视为第三阶段，由于受到以美国为首的世界主要发达国家的遏制以及一些新兴经济体的冲击，我国制造业出口状况不是很明朗，更多国家和地区的围追堵截使得我国制造业出口增幅不断下降。尽管如此，我国制造业凭借强大的基础，本身的出口在世界总的制造业出口中所占的比重仍然较大，从 2002 年的 5.80%增加到 2014 年的 18.11%，这说明我国制造业在国际制造业中的总体发展拥有良好的效果，并且我国的制造业完全有能力在国际市场上扮演重要的角色。

随着我国出口总量的不断发展变化，出口的结构也随着不断地更新变化。在过去的 15 年内，我国的通信信息设备、电子设备制造业（以计算机为主），电气机械器材制造业，纺织类制造业，以及文化办公用机械制造业这 4 个行业一直处于领先地位。其中，能够作为我国制造业出口的主要领军行业则是通信信息设备、电子设备制造业（以计算机为主），不断增加的出口保证了其出口比重占总出口比重的 20%，这要得益于我国在该行业的政策，吸引大量的外商投资，从而增强通信信息设备、电子设备制造业（以计算机为主）的实力。另外，在位于前四名的行业中，纺织类制造业属于劳动密集型的产业，随着近些年我国引进新型的技术以及国内技术水平的提升，国内生产将重点转移到其他领域，使得该行业的出口比重逐年下降，而其他 3 个行业所占比重则比较平稳。接下来的 5—10 位制造业的排名中，纺织业，文教体育用品制造业，皮革、毛皮、羽毛（绒）及其制品业的出口量所占的比重不断降低，与之相对应的化学原料及化学制品加工业和通用设备制造业所占的比重不断上升，而金属制品业在这些行业中所占比重并没有较大的浮动，较为稳定。黑色金属冶炼及压延加工业则被工艺品及其他制造业挤出前十的位置。总的来说，电气机械及器材制造业，通用设备制造业，交通运输设备制造业，化学原料及化学制品加工业所占的比重呈上升的趋势；而占比有下降趋势的行业分别为通信设备、计算机及其他电子设备制造业，纺织服装、鞋、帽制造业，仪器仪表及文化、办公用机械制造业，金属制品业。

在第三次工业革命浪潮的推动下，3D 技术等技术不断迅速地发展，所以，为了更好地应对第三次工业革命的冲击，美国提出了"工业互联网"的概念，而德国的"工业 4.0"也渐渐发展，我国也紧随脚步，制定了"中国制造 2025"规划。第三次工业革命，将主要以信息为主，并且将信息技术与传统的产业进行更深入的联系，各个产业间的划分界限也不是十分的明显，以前的制造业集中式的生产模式也将向相对分散的模式转变，由此，世界现有的格局将会被改变，这种改变对我国来说，是一个发展的大好时机，是否能够充分利用此次机遇将对我国在世界市场上的竞争起到至关重要的作用。

首先，我国制造业也将在第三次革命的浪潮下拥有不断追赶甚至超越发达国家的势头。第一，我国的信息化将更快速地与工业化相融合，另外，通过新兴的信息技术对传统制造业的改造能力也不断加强。本轮工业革命的形成周期较长，我国也做了准确的预判。党的十六大就已经提出了两化融合的概念，经过十七大和十八大对这一概念的进一步丰富，相关理论已经更加成熟，在实践上也取得了一定的成果，使得我们在本次工业革命中占有了一定的先机。第二，各个企业间的结构发生重要的改变，中小企业的发展状况直接影响制造业的总体发展。我国中小企业数量众多，近年来在政府各项扶持措施的带动下取得了较大的发展，在工业革命的背景下中小企业面临的资源约束问题将得到一定的缓解，因此，这些中小企业会在第三次工业革命中扮演更为重要的角色。第三，新技术带来新的发展方向，新能源等领域将会产生巨大的增长空间。本轮工业革命中产生的物联网、云计算、工业机器人等先进技术将会对传统制造业产生重大影响，中国有望借助这些技术实现传统制造业的转型升级。第三次工业革命激发我国制造业加快转型的步伐，我国已经制定了战略性新兴产业发展规划，对未来重点发展的技术和领域做出了部署，我们有可能在全新的领域占得先机。

其次，拥有较多人口的国内市场为我国制造业的发展提供良好的基础。回首历史不难发现，工业强国无一不是拥有广阔的国内市场。英国和德国等老牌工业强国其国内拥有数千万人口，而美国、日本和俄罗斯甚至拥有上亿乃至数亿人口。所以，较大的国内需求势必为我国制造业发展增加新的筹码。人均国内生产总值（GDP）的持续增长，13亿的消费人口消费水平的提高，都将为制造业的发展提供保障。此外，我国正加快城镇化的建设步伐，据测算，"十四五"期间，我国城镇化水平将提高 4 个百分点，将会吸纳4000 万农村人口进城，带动 4000 多亿的消费需求，4 万亿的投资需求。

最后，中国有着世界上最为完整的制造业体系，基础设施条件也较为完善。在现在已经形成的工业体系中，制造业可以被分为 39 个大类，191 个中类，525 个小类。一个完整的工业体系更加看重的是规模大、种类全，并且都是属于高精尖行业。按照这个标准来看，我国现在已经成为工业分类十分齐全的国家了，无论是较大的行业分类下的工业部门还是较小的行业分类下的工业部门，在我国都可以找得到。如果某一制造商要用将近一个月的时间在世界上除我国之外的国家完成配套工作的话，那么该制造商完全可以在我国利用不到一天的时间完成此项任务。如果一国的产业体系比较完整，外资在本国进行投资时，能迅速地找到与之匹配的上下游企业，这样就无须从国外进口原材料、设备等，其产品和服务也有销售市场，从而降低外资企业的生产和销售成本。在这种情况下，即使国内劳动力成本上升，仍能凭借成本优势和完备的基础设施等条件吸引外资，留住外资。生产成本的降低同样可以使本国的产品在世界市场上拥有更强的竞争能力。

2008 年经济危机以后，发达国家纷纷倡导制造业回归，而发展中国家则在劳动密集型产业上加速发展，我国制造业面临"前堵后追"的局面，主要问题如下：

第一，我国的制造业水平明显低于发达国家的制造业水平。本轮"再工业化"中，发达国家重新开始重视制造业的发展，纷纷指向发展新能源等先进制造业，而在新材料、新能源、生物技术和新一代信息技术方面，发达国家具有明显的优势，势必对我国这方面的发展形成重大挑战。例如美国在页岩油气开采技术、快速成型制造技术、复杂触摸屏技术等领域明显处于领先地位，为了占领产业发展的制高点，中国和发达国家将在金融、能源、新材料等领域展开全面竞争，中国将不可避免地受到发达国家愈加严厉的技术和能源封锁，进口一些关键设备和零部件将变得更加困难；同时发达国家为了阻止中国的崛起，必将有意识地联合其他经济体对中国进行制约，届时中国制造业将面临长期被锁定在低端环节的危险。

第二，在相对较为低端的制造业行业中，随着我国劳动保障制度的进一步发展和人口红利的逐步减少，劳动力成本不断上升；与此同时，一些发展中国家，如墨西哥、印度、越南等，他们的发展步伐逐渐加快，正逐渐取代中国，成为发达国家进行低端产业转移的主要目的地。联合国贸易和发展组织2012年发布的调查结果表明，跨国公司越来越看重印尼和泰国等新兴经济体，将其产业从中国转移到这些国家。2014年1月至6月，外商对华直接投资同比下降了3%。而与之相对的是东南亚地区外商直接投资的流入量不断增长，其中文莱、印度尼西亚、马来西亚和新加坡的FDI流入量增长显著。近些年来，墨西哥制造业凭借其成本优势和面向北美市场的便利发展迅速。2012年上半年，美国的制成品进口总额中有14%左右来自墨西哥，这一数据在2005年仅为11%。相比之下，占据美国最大进口额的中国，其份额由2009年的29.3%降至2012年的26.4%。可见以墨西哥为首的其他发展中国家是在利用我国之前制造业的模式来追赶我们。

第三，自主创新的能力较低，产品的附加值不高。根据已有的数据来看，我国制造业的增加值率增长缓慢，仅仅是美国的4.38%、德国的5.56%以及日本的4.37%。由此可见，我国的制造业发展存在较大问题。在国际产业链中的低端定位使得我国制造业形成了路径依赖，长久被锁定于低端的生产和代加工环节，而对于微笑曲线两端的研发和品牌环节涉及较少。因此，我们下一步的重点将是更好、更快地转变现有制造业的发展方式。

二、出口企业数量不断增加

日前，海关总署新闻发言人、统计分析司司长李魁文介绍，2020年，中国有进出口实绩的企业53.1万家，增加6.2%。其中，外商投资企业进出口12.44万亿元，占38.7%①。可以看出外商投资企业在我国企业出口总量中发挥着重要作用。同时由图4.3可以看出，2010年到2019年，中国外商投资企业数量由44.5万户到62.7万户。中国外商投资企业数量从2010起到2019年呈现逐年平稳上升的趋势，并且不断增加。

---

① 数据来源：今日头条客户端。

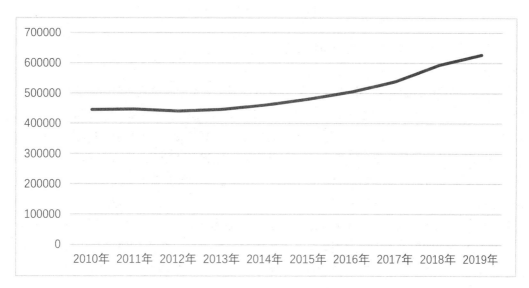

图 4.3　中国 2010－2019 年外商投资企业数量

数据来源：根据《中国统计年鉴》整理得出（单位：户）。

三、出口企业所属二级行业不断扩张

20 世纪 90 年代中国主要以服装类产品出口为主，进入 21 世纪之后中国主要以出口机械运输设备为主。由图 4.4 可以看出 2019 年中国仍然以制造业出口为主，占总出口量的 42%。据此可知，目前中国制造业企业出口数量大。

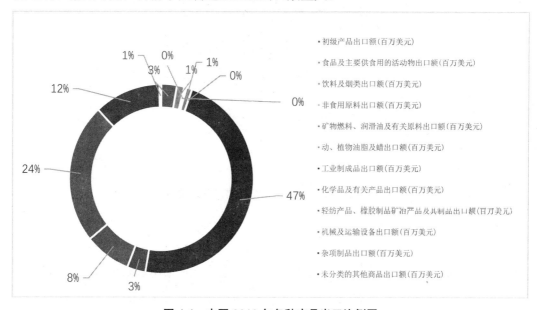

图 4.4　中国 2019 年各种产品出口比例图

数据来源：根据《中国统计年鉴》整理得出。

四、企业出口贸易条件日趋改善

中国出口贸易条件中一般贸易占主导,中国对欧盟、东盟和日本等主要市场进出口增长,对"一带一路"沿线国家进出口增速高于整体。欧盟为我国第一大贸易伙伴,2021年1—7月,中欧贸易总值 2.72 万亿元,与去年同期相比增长 10.8%,占我国外贸总值的 15.6%。其中,出口 1.64 万亿元,与去年同期相比增长 12.6%;进口 1.08 万亿元,与去年同期相比增长 8.2%。东盟为我国第二大贸易伙伴,2021 年 1—7 月中国与东盟贸易总值为 2.35 万亿元,与去年同期相比增长 11.3%,占我外贸总值的 13.5%。其中,出口1.33 万亿元,与去年同期相比增长 15.8%;进口 1.02 万亿元,与去年同期相比增长 6%。[①]

图 4.5 为 2020 年 12 月份中国出口产品情况,可以看出中国初级产品出口量较少,占比仅为 4%,而工业制品出口额占比为 96%。可见目前中国的出口形势是以工业制成品出口为主,初级产品为辅。

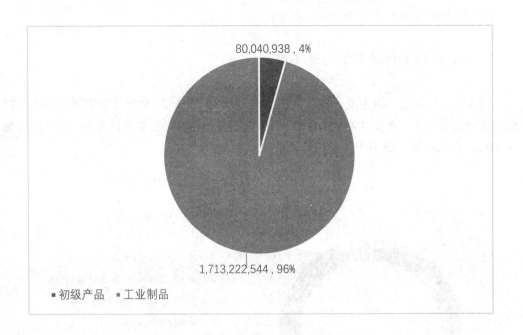

图 4.5   2020 年中国出口各类产品比重图

数据来源:海关总署。

其中,初级产品各类别的出口额为 8004 万元,初级产品的出口额明细如图 4.6 所示:

---

① 数据来源:人民日报。

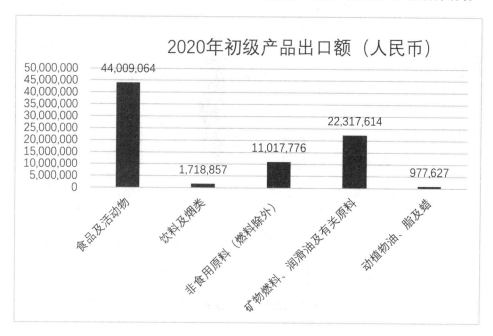

图 4.6　2020 年初级产品出口额

数据来源：中国海关，单位：人民币。

初级产品所包含的食品和活动物（活动物、肉及肉制品、乳品及蛋品、谷物及其制品等）出口额为 4400 万元，在初级产品中比重最多、金额最大，可以看出中国在农业和畜牧业方面发展较好，并且中国特色食品深受外国人喜爱。饮料及烟类（饮料、烟草及其制品等）的出口额为 171 万元；非食用原料（除燃料外的生皮及生毛皮、油籽及含油果实、金属矿砂及金属废料等）的出口额为 1101 万元；矿物燃料、润滑油及有关原料（煤、焦炭及煤砖、石油、石油产品及有关原料等）的出口额为 2231 万元，最后一些动植物油脂类产品出口额较少，只有 97 万元。

2020 年工业制品出口额 171322 万元，如图 4.7 所示：

化学成品及有关产品（有机化学品、无机化学品、染料、鞣料及着色料等）总出口额为 11722 万元，在工业制品中处于末端，可能是由于中国的化学产业在技术方面处于劣势地位。按原料分类的制成品（皮革、皮革制品及已鞣毛皮、橡胶制品等）出口额为 30105 万元，可以看出中国原料导向性制成品出口额适中。机械及运输设备（动力机械及设备、特种工业专用机械等）出口额为 87038 万元，在工业制成品中是出口额最大的，可以看出中国目前制造业以机械及运输设备为主。杂项制品（活动房屋；卫生、水道、供热及照明装置等）出口额为 40485 万元，位居工业出口第二位，可以看出中国劳动密集型产业的出口额仍然占有很大比重。

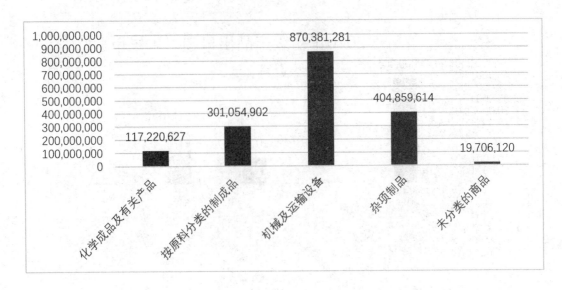

图 4.7　2020 年工业制品出口额

数据来源：海关总署，单位：人民币。

第二节　金融支持制造业出口现状分析

一、金融支持制造业产业升级力度逐渐增大

制造业产业升级主要分为产业间升级和产业内升级，产业间升级主要由低附加值产生向高附加值产业移动，通过金融手段鼓励企业生产高附加值的产品进行出口。产业内升级主要包括要素升级、需求升级、功能升级和链条升级。

企业需要充裕的流动资金来满足其采购原材料、购置生产设备和支付工资与福利的需要，金融支持在很大程度上可以帮助企业完成这一目标，可以为企业提供大量的流动资金供其生产和采购。同时金融支持也可以为进口商提供短期贷款，以缓解进口商短期无法支付大额货款的压力，帮助其实现资金的良性运转。

金融支持可以促进企业技术创新，吸引更多的高素质人才，实现产业升级。金融支持也可以提高企业竞争力，吸引更多的融资项目和外资进入，促进企业进一步发展。制造业的高质量发展，对于实体经济有强大推动作用，也是经济快速发展的必然要求。历史证明，没有强大的制造业，就没有强大的国家。目前中国制造业仍存在很大问题，如创新能力不强、信息化程度低等。这就需要深度融合金融供给侧改革，优化金融支持的方向和结构，进一步加强制造业产业升级。

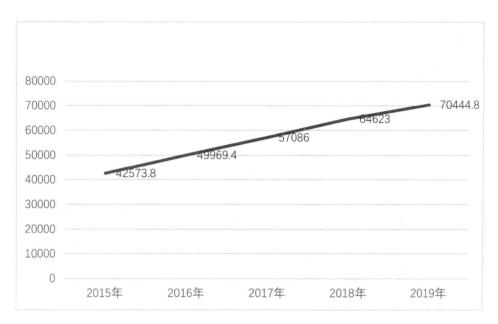

图 4.8　中国 2015－2019 年金融业增加值（亿元）图

数据来源：根据《国家统计局》整理得出，单位：亿元。

由图 4.8 可以看出中国对金融业的扶持力度会逐年增加，由 2005 年的 42573.8 亿元增加到 2019 年的 70444.8 亿元，共增加了 65%。中国在金融业方面的投入也越来越多。但投入增长比例呈平稳趋势，并没有考虑特殊年份的特殊情况。

二、金融信贷政策影响较为突出

中国由于受到传统观念的严重影响，融资信贷政策一直处于保守阶段。2020 年央行出台降准降息政策，下调再贷款、再贴现利率，很大程度上缓解了企业在资金周转方面的问题。中国政府网指出，鼓励有条件的地方支持政府性融资担保机构参与风险分担，对出口信用保险赔付额以外的贷款本金进行一定比例的担保，商业银行在"信保+担保"条件下，合理确定贷款利率。这在很大程度上保障了企业出口的安全，降低了企业出口的风险，进一步促进了企业出口。

中国政府提倡加大财政金融支持，要求全面落实出口退税、出口信用保险、出口信贷等支持政策，切实降低企业成本。政府的财政金融支持很大程度上降低了企业的成本，为企业创造更多的利润、进一步加强投资提供了条件。

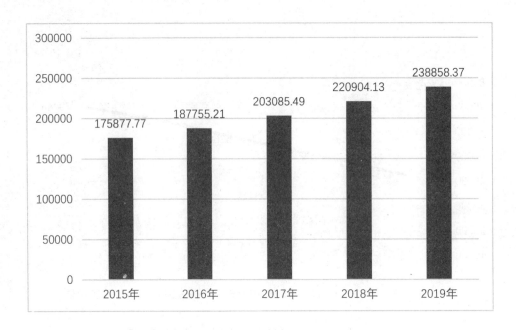

图 4.9 2015－2019 年财政支出（亿元）

数据来源：根据《国家统计局》整理得出，单位：亿元。

实施差异化的信贷政策，让政府的资金充满活力；针对小微企业提供信贷资金的同时对其进行监控和定期走访，建立定期检查小微企业盈利的制度，对于即将破产或者业务短期无法改善者，对其进行劝导并且停止金融支持；至于中小企业，其承担风险的能力略强于小微企业，但在人力方面缺少专门从事金融贷款相关法律的法务顾问，事后往往直接进行会计入账，对信贷政策不去做进一步了解，后续也很少为金融机构提供一些有用信息。为此，应该针对中小企业提供相应的培训来保证金融信贷业务顺利进行；而规模较大的企业，其制度和服务相对比较完善，在金融信贷方面获得政策往往比中小企业多，并且信贷利率也相对低廉。但大企业的审批程序比较复杂，信贷业务往往需要多方进行确认，不利于信贷业务的推广。

由图 4.9 可以看出，我国财政支出在 2015 年到 2019 年之间呈现稳步上升的趋势，并且 2019 年财政支出金额接近 2015 年的 1.4 倍。随着经济和社会的发展，中国在财政方面的支出会越来越多，对于企业也将产生巨大的推动作用。

三、金融产品种类有限，对风险规避能力有待提升

目前中国制造业产品出口仍然遭受很多问题，如：客户受特殊情况影响造成不能按时付款，客户以各种莫名的理由拒绝清关等。中国的金融产品已经不能满足中国制造业企业对于金融产品的需求，因此，需要创新金融产品来满足企业对于金融产品的需求，

降低企业在出口方面的成品。另外，产品进行不断地更新，确保制造业在发展的各个环节和阶段都能够获取相应的金融支持。中国在与不同的国家进行不同的贸易往来的时候仍然存在很大的风险。制定和实施相应的风险管控机制是十分必要的。

差异化提供金融产品和服务，运用智能化、云服务、5G 运行和大数据等方式针对不同企业提供不同金融产品。

表 4.1　2015－2019 年金融机构资金来源表

指标	2015 年	2016 年	2017 年	2018 年	2019 年
金融机构人民币信贷资金来源	1541203.7	1759952.28	1931934.41	2109164	2317003
金融机构资金来源各项存款	1357021	1505863	1641044	1775226	1928785
金融机构资金来源各项存款中财政性存款	34452.89	35292.31	41134.49	40538.8	40840.17
金融机构资金来源金融债券	10061.8	31578.87	47999.58	65433	82924
金融机构资金来源流通中货币	63216.58	68303.87	70645.6	73208	77189.47
金融机构资金来源对国际金融机构负债	823.16	2406.79	9.47	7	6

数据来源：国家统计局，单位：亿元。

由表 4.1 可以看出，中国金融来源于信贷资金的比例较大，从 2015 年的 1541203.7 亿元到 2019 年的 2317003 亿元，增长速度较快，这主要受中国信贷政策的影响。存款来源相对较少，比例不是很大，但依然逐年增长。存款对金融的作用影响较少，表明我国金融行业正处于逐步完善的阶段。2015 年、2016 年财政性存款的金额大于金融债券金额，但 2017 年之后，金融债券的金额明显高于财政性存款，表明金融行业正在由财政性存款转型向金融债券发展，力图尽量发挥金融债券在金融行业的作用。国际金融机构负债先增加后减少，表明我国目前对于国际金融机构负债处于稳定的控制之中，并且占比越来越小。

第三节　金融支持制造业出口存在的问题分析

一、缺乏规范管理制度

金融支持方面往往受政府的引导和控制，在规则上往往存在制度不健全、手续烦琐以及审批程序复杂等问题，影响金融支持的运作效率。因此，需要一套清晰简洁、易于操作的制度来保证金融支持的运作效率，更好地服务制造业出口企业。营商环境的改善可以降低制造业成本，还应实施减税降费，从根本上为制造业发展扫除障碍。

表 4.2 金融交易资金运用表

指标	2018 年	2017 年	2016 年	2015 年	2014 年
资金运用（亿元）	357702.08	633238	731159.59	591661.28	539423
通货（亿元）	2562.82	2342	5087.35	2957.09	1688
存款（亿元）	105615.05	145489	175304.31	161082.81	135698
贷款（亿元）	127181.49	178597	155173.12	143292.75	142212
证券（亿元）	—	—	177188.34	130934.34	64366
证券投资基金份额（亿元）	18784	21754	11754	23630	15328
证券公司客户保证金（亿元）	−1228.87	−4598	−6226.71	11200.51	8169
保险准备金（亿元）	23226	21065	17936.4	15415.99	14248
未贴现的银行承兑汇票（亿元）	−12685.71	10762	−39062.11	−21137.06	−2396
金融机构往来（亿元）	9643.42	29013	15377.98	−18627.88	34188
准备金（亿元）	−9609.72	10528	26572.09	−17512.88	20834
库存现金（亿元）	−515.75	−148	−74.21	−208.19	742
中央银行贷款（亿元）	9591.9	24731	38685.81	−1037.71	15665
其他（净）（亿元）	−59066.89	66081	156974.51	170771.96	59777
直接投资（亿元）	19849.91	18239	25755.99	26466.8	22529
其他对外债权债务（亿元）	7984.77	1916	14974.65	−2435.24	7738
国际储备资产（亿元）	1249.84	6179	−29469.36	−21390.49	7181
国际收支错误与遗漏（亿元）	−10601.3	−14982	−14792.85	−11741.5	−8544

数据来源：国家统计局，单位：亿元。

由表 4.2 可以看出 2014—2018 年在资金运用过程中，存款和贷款占的比例比较大，中央银行贷款波动较大，特别是 2016 年证券投资基金份额为 11754 亿元，2016 年和 2017 年使用了准备金，在 2015 年和 2016 年对国际储备资产进行卖出，在 2017 年和 2018 年对国际储备资产进行买入。保险准备金从 2014 年的 14248 亿元增长到 2018 年的 23226 亿元，可见我国对于保险的投入逐年增加。

二、缺乏有效资金补偿机制

资金来源于政府和国家，资金来源单一且连续性差，并且每一年的政策变动性较强，文件提交种类繁多，让很多企业错失很多获得补偿的机会。应设立杠杆协调机制以及在年初及时下发金融政策，方便企业做出计划；对于政策应在原有基础上增加补偿项目，减少改动并在改动之后及时告知企业，方便企业做出进一步的决策。

表 4.3　社会融资规模及构成表

指标	2019 年	2018 年	2017 年	2016 年	2015 年
社会融资规模	256735	224920	261536	177999	154063
人民币贷款社会融资规模	168835	156712	138432	124372	112693
外币贷款社会融资规模	−1275	−4201	18	−5640	−6427
委托贷款社会融资规模	−9396	−16062	7994	21854	15911
信托贷款社会融资规模	−3467	−6975	22232	8593	434
未贴现银行承兑汇票社会融资规模	−4757	−6343	5364	−19514	−10567
企业债券社会融资规模	33384	26318	6244	29865	29388
非金融企业境内股票社会融资规模	3479	3606	8759	12416	7590

数据来源：国家统计局，单位：亿元。

三、风险控制机制不健全

由于政策变动大，有些企业申请金融支持，但很难及时得到回应。甚至在一些企业解决危机之后，资金才到达账户。同时，一些发放补贴的金融机构担忧贷款无法收回，出现故意不让企业获得金融支持的状况。风险控制的主要方法是风险回避、损失控制、风险转移和风险保留。

在风险回避方面，金融机构为了规避风险，不愿意给予企业金融支持；企业在进行贷款和申请金融支持时，也因担心一些其他问题（如贷款汇率下跌等让企业承担一些机会成本）而不愿意去进行贷款。在损失控制方面，由于一些金融支持制度不合理或企业的损失控制能力不足，导致金融支持很少考虑资金的有效性，如：有一些金融投资分给了资金需求不急的企业，而真正需要资金的企业并没有得到金融支持。这就造成了越盈利的企业获得资金越多，而濒临破产的企业反而得不到挽救。因此，需要针对具体企业的实际情况，进行调研补贴，并通过第三方公司进行监控，以便找到企业真正的需求。同时可以与企业的管理层进行有效沟通，以将损失控制到最少。在风险转移方面，企业应利用杠杆手段或购买保险的方式来保护企业安全。在风险保留方面，企业一定要在可以掌控的范围内进行保留，不可以贪图高利润进行赌博式保留。

表 4.4   金融机构人民币信贷资金平衡（运用）表

指标	2019 年	2018 年	2017 年	2016 年	2015 年
金融机构人民币信贷资金运用	2317003	2109164	1931934.41	1759952.28	1541203.7
金融机构资金运用各项贷款	1531123.2	1362967	1201320.99	1066040.06	939540.16
金融机构资金运用各项贷款境内贷款	1525755.35	1357891	1196900.23	1061666.8	936386.69
金融机构资金运用各项贷款中短期贷款	553191.27	478843	405045.45	—	—
金融机构资金运用各项贷款中中长期贷款	962736.85	868289	785495.79	—	—
金融机构资金运用各项贷款中融资租赁	9827.22	10760	6358.99	—	—
金融机构资金运用各项贷款中票据融资	76175.51	57806.88	38873.41	54709.52	45756.02
金融机构资金运用各项贷款境外贷款	5367.86	5075	4420.75	4373.26	3153.47
金融机构资金运用有价证券及投资	385520	333467	294381.54	247604.49	197636.22
金融机构资金运用股权及其他投资	183729.65	196190	217588.73	220820.08	134325.8
金融机构资金运用黄金占款	2856	2570	2541.5	2541.5	2329.54
金融机构资金运用外汇占款	212317.26	212557	214788.33	219425.26	265858.52
金融机构资金运用在国际金融机构资产	1457	1414	1313.32	3520.89	1513.46

数据来源：国家统计局，单位：亿元。

从表 4.4 可以看出，金融机构在资金运用、长期贷款、融资租赁、票据融资以及境外贷款、有价证券投资和黄金占款等方面的投入都是逐年增长的，但在运用股权投资和运用外汇占款方面均呈现逐年减少趋势，表明我国在风险较小的长期贷款、融资租赁等投入较多，但是对于风险较大的股权投资相对较少。因此需要进行严格的风险控制机制，引导投资流向，保证企业获得长足发展。

四、金融业务模式缺乏创新

金融业务模式烦琐且沉重，应由独立的第三方机构进行处理，保护企业和国家的利益，并且建立良好的创新机制，保证金融业务的灵活性、稳定性、安全性和创新性。我国经济由高速增长转向高质量发展，必须进行创新建设，良好的金融业务创新有利于持续发挥金融对经济的促进作用。对于金融业务的创新可以通过政府财政补贴、进行产业升级、降低交易程序和交易成本等方式。金融机构的业务模式创新有利于缓解企业融资难与贵的问题，如股权融资等方式可以促进制造业的金融创新。

创新方面采取开源与节流的方式，在开源方面，除了融资占比较高的银行之外，针对债券和金融公司融资的信贷政策比较少。此外受中国国家观念的影响，私人和一些企业企业没有可依据的融资政策用来对于制造业实行融资。因此应该开放多渠道的融资，从个人融资到企业融资，不仅能缓解企业融资困难的问题，而且可以提高人民的生活水平和增加个人的收入；对于投资企业来说，可以获得一部分投资收益，在本行业出现一定危机的时候可以有效缓解企业目前的经济困难；对于被融资企业来说，可以获得进一步融资，促进企业的进一步发展，保证现金流。

在节流方面，需要在创新的过程中节省各类成本，如各种交易的成本，各种重复征收税赋的成本。

表 4.5 2015－2019 年保险公司保费表

指标	2019 年	2018 年	2017 年	2016 年	2015 年
保险公司保费	42644.8	38013.33	36581	30904.15	24283
财产保险公司保费	13016.3	11756.45	10541.4	9266	8423
企业财产保险保费	464.1	423.29	392	381.21	386.2
家庭财产保险保费	91.21	76.77	62.9	52.15	41.7
机动车辆保险保费	8188.32	7834.05	7521.1	6834.22	6199
财产保险公司工程保险保费	117.84	120.75	110.2	93.24	82.9
财产保险公司责任保险保费	753.3	590.89	451.4	362.4	301.8
财产保险公司信用保险保费	199.95	242.48	214.4	200.92	192.5
财产保险公司保证保险保费	843.65	645.09	379.2	184.12	208.1
财产保险公司船舶保险保费	55.51	52.97	48	51.19	55.1

续表

指标	2019 年	2018 年	2017 年	2016 年	2015 年
财产保险公司货物运输保险保费	130.12	121.23	100.2	85.51	88.2
财产保险公司特殊风险保险保费	68.89	59.47	50.4	40.33	42.3

数据来源：国家统计局，单位：亿元。

表 4.6 2015—2019 年保险公司赔偿及给付表

指标	2019 年	2018 年	2017 年	2016 年	2015 年
保险公司赔款及给付	12893.9	12297	11181	10515.68	8674
财产保险公司赔款及给付	7278.7	6455.01	5497	5045.6	4448
企业财产保险赔款及给付	237.03	242.9	225.5	266.16	216.4
财产保险公司工程保险赔款及给付	67.56	54.19	47.3	45.35	36.6
财产保险公司责任保险赔款及给付	341.69	265.25	201.2	166.23	129.3
财产保险公司信用保险赔款及给付	113.41	127.93	94.7	91.47	45.1
财产保险公司保证保险赔款及给付	376.71	234.57	77.8	65.11	63.7
财产保险公司船舶保险赔款及给付	35.16	38.31	34.8	36.74	33.4
财产保险公司货物运输保险赔款及给付	69.74	67.58	62.2	55.28	46.2
财产保险公司特殊风险保险赔款及给付	39.47	20.1	29	17.53	19.1
财产保险公司农业保险赔款及给付	527.87	394.31	333.4	299.24	237.1

数据来源：国家统计局，单位：亿元。

　　表 4.5 和表 4.6 显示，保险公司每年收取了大量的保费，但是在赔偿方面的支出很少，一是赔偿的费用低廉，有时候保险赔偿往往达不到支付的保费；二是企业小心谨慎的心态，任何事情都购买保险。由于运输保险费和赔付都呈现逐年增加的趋势，因此，我国制造业出口过程缴纳的保费和获得的赔付也在增加。

第五章 金融支持上游度与制造业出口绩效的测算

第一节 金融支持上游度的测算

一、测算过程

Antràs 等模型不仅拓展了 Fally 模型，而且考虑了开放经济体的进口和出口，故此，Antràs 等人构建的测度方法更贴近经济学实际，成为目前学界所推崇的主流测度方法，如米勒尔、提姆休、安特拉和考尔等的方法进行分析。有鉴于此，本研究亦基于 Antràs 等的方法展开研究，具体为通过将存货变量纳入测度过程的形式，使得金融支持上游度的测度结果更为准确。本研究借鉴 Antràs 等人、法利、米勒尔、安特拉和考尔，以及刘慧等学者的研究，假设在封闭经济条件下，金融行业总产出 Q_m，等于存货变化额 I_m（hanges in inventories and valuables）、最终消费投入 Y_m 和作为中间品投入价值 M_m 的总和，则

$$Q_m - I_m = Y_m + M_m = Y + \sum_{i=1}^{N} d_{mi}(Q_m - I_m) \tag{5.1}$$

其中 d_{mi} 为制造业行业 i 每增加 1 美元产出，需要金融产业 f_{md} 美元的产品作为中间品投入，当金融产品被无数个产业作为中间品时，金融产业的总产出可以用各产业最终消费产品的价值表示：

$$Q_m - I_m = Y_m + M_m = Y + \sum_{i=1}^{N} f_{mi}Y + \sum_{i=1}^{N}\sum_{d=1}^{N} f_{md}f_{di}Y_i + \sum_{i=1}^{N}\sum_{k=1}^{N}\sum_{j=1}^{N} f_{mi}f_{mk}f_{ki}Y_i + \cdots \tag{5.2}$$

综合 Antràs 和考尔等的研究可知，金融支持上游度可以用金融支持的环节与最终产品的距离表示。为此，可以对（5.2）式进行加权平均处理，则可得方程式（5.3）：

$$D_m = \alpha \frac{Y_m}{Q_m - I_m} + \beta \frac{\sum_{j=1}^{N} f_{mi}Y_m}{Q_m - I_m} + \delta \frac{\sum_{j=1}^{N}\sum_{k=1}^{N} f_{md}f_{mi}Y_m}{Q_m - I_m} + \varphi \frac{\sum_{j=1}^{N}\sum_{k=1}^{N}\sum_{l=1}^{N} f_{mh}f_{hd}f_{di}Y_i}{Q_m - I_m} \tag{5.3}$$

其中 D_m 为金融支持上游度，该系数越大表明金融支持越偏向于上游产业，反之则越

偏向于下游产业。（5.3）式的计算过程较为复杂，Antràs 等借助矩阵进行论证后发现：（5.3）式最终可以采用线性方程（linear system）的形式表示，即金融支持上游度可以表示如下：

$$D_m = 1 + \sum_{i=1}^{N} \frac{f_m(Q_i - I_i)}{Q_m - I_m} D_i \qquad (5.4)$$

其中 $f_m(Q_i - I_i)/Q_m - I_m$ 为金融产业 f 的总产出中（除去存货）被产业 i 购买的份额，D_m 为产业 m 的上游度，（5.4）式为封闭状态下各产业的上游化指数。在开放状态下，需考虑金融产业和其他产业的进出口额，此时（5.4）式可表示如下：

$$D_m = 1 + \sum_{i=1}^{N} \frac{f_m(Q_i - I_i) + X_{mi} - M_{mi}}{Q_m - I_m} D_i = 1 + \sum_{j=1}^{N} \lambda_{mi} D_i \qquad (5.5)$$

$$\text{其中 } \lambda_{mi} = (Q_i - f_m I_i + X_{mi} - M_{mi})/(Q_m - I_m) \qquad (5.6)$$

$$\frac{f_m(Q_i - I_i) + \lambda_{mi} X_{mi} - \lambda_{mi} M_{mi}}{Q_m - I_m} = \lambda_{mi}, \quad \text{且 } \lambda_{mi} = \frac{f_m(Q_i - I_i)}{Y_i - I_i + X_m - M_m} \qquad (5.7)$$

将（5.7）式代入方程式（5.5）并进行简单变形可得：

$$D_m = \sum_{i=1}^{N} \frac{f_m(Q_i - I_i)}{Y_i - I_i + X_m - M_m} D_m = 1 \qquad (5.8)$$

二、测算结果分析

根据投入产出表的数据特征可知：方程式（5.8）中 $f_m(Q_i - I_i)/(Y_i - I_i + X_m - M_m)$ 可以从各国的投入产出表中计算出来。因此，计算金融支持上游度相当于求解线性方程，为此，可以将方程矩阵化得 D－UD=1，其中 D 为所有产业上游度的向量（包含金融行业），U 为方程式（5.8）中 Dj 前系数的矩阵，1 为数值为 1 的向量，根据线性代数的基本原理和方程式（5.8）可以得到投入产出表中金融支持和其他产业的上游度。基于方程式（5.8），将 WIOD 数据库中 34 个经济体投入产出表和投入产出表中金融中介（Financial Intermediation）数据，计算出 34 个经济体 1997－2017 年金融支持上游度，表报告了相应的测度结果。从表中可知：首先，在 34 个样本国家中，中国金融支持上游度的平均值居首位，中国金融机构偏向支持上游制造业。造成这种现象的原因可能来自两个方面：一是制造业上游产业所需的启动资本和年度投资额较大；二是中国作为"世界工厂"，其经济运行需要大量的原材料和资源，这导致上游生产环节的原材料往往比下游最终产品更受欢迎，因而金融机构支持上游产业的风险往往小于下游产业。上述因素不仅使得中国金融支持上游度位居世界第一，而且金融支持上游度还呈现出上升趋势，从 1997 年的

表 5.1　1997—2017 年代表经济体金融支持上游度的测度结果

年份 国家	1997	1999	2001	2003	2005	2007	2009	2010	2011	2013	2015	2017	均值	增幅
中国	2.98	3.03	3.02	2.99	2.97	3.08	3.33	3.19	3.08	3.26	3.28	3.30	3.13	10.74%
保加利亚	2.47	2.25	2.49	2.45	2.70	2.45	2.87	2.17	2.16	2.42	2.39	2.35	2.43	−4.86%
日本	2.44	2.44	2.46	2.47	2.41	2.35	2.44	2.40	2.30	2.39	2.42	2.49	2.42	2.05%
印度	2.43	2.31	2.32	2.47	2.44	2.34	2.47	2.44	2.36	2.42	2.48	2.52	2.42	3.70%
意大利	2.27	2.49	2.38	2.51	2.50	2.32	2.36	2.31	2.25	2.32	2.36	2.33	2.37	2.64%
韩国	2.39	2.43	2.31	2.32	2.29	2.29	2.46	2.41	2.34	2.26	2.32	2.36	2.35	−1.26%
爱沙尼亚	2.39	2.43	2.18	2.38	2.38	2.18	2.27	2.23	2.21	2.23	2.26	2.25	2.28	−5.86%
罗马尼亚	2.43	2.39	2.18	2.25	2.18	2.14	2.31	2.27	2.24	2.28	2.29	2.27	2.27	−6.58%
澳大利亚	2.21	2.25	2.24	2.28	2.30	2.23	2.31	2.28	2.22	2.23	2.25	2.24	2.25	1.36%
美国	2.09	2.12	2.13	2.20	2.20	2.13	2.19	2.18	2.14	2.23	2.20	2.22	2.17	6.22%
匈牙利	2.04	2.09	2.09	2.20	2.21	2.12	2.24	2.39	2.14	2.16	2.15	2.18	2.17	6.86%
土耳其	2.00	2.05	2.06	2.22	2.19	2.09	2.32	2.25	2.18	2.18	2.21	2.25	2.17	12.50%
法国	2.11	1.99	2.10	2.04	2.15	2.15	2.29	2.21	2.16	2.18	2.19	2.23	2.15	5.69%
捷克	2.13	2.08	2.29	2.26	2.35	2.20	2.20	1.90	2.11	2.18	2.01	2.05	2.15	−3.76%
西班牙	2.53	2.44	2.00	2.17	2.14	2.01	2.20	2.06	2.02	2.03	2.02	2.06	2.14	−18.58%
德国	2.32	2.34	2.05	2.16	2.17	2.05	2.08	2.07	2.03	2.10	2.15	2.13	2.14	−8.19%
葡萄牙	2.37	2.29	2.15	2.20	2.14	1.99	2.10	2.06	2.04	2.09	2.10	2.07	2.13	−12.66%
奥地利	2.20	2.18	1.98	2.12	2.12	2.05	2.16	2.11	2.08	2.10	2.14	2.11	2.11	−4.09%
比利时	2.23	2.23	1.96	2.22	2.20	2.00	2.05	2.00	1.99	2.03	2.05	2.00	2.08	−10.31%

续表

国家＼年份	1997	1999	2001	2003	2005	2007	2009	2010	2011	2013	2015	2017	均值	增幅
荷兰	2.08	2.08	1.84	1.99	2.02	1.98	2.23	2.08	2.16	2.11	2.18	2.16	2.08	3.85%
瑞典	2.19	2.05	1.97	2.00	2.02	1.83	1.90	1.85	1.84	1.96	1.98	1.97	1.96	-10.05%
丹麦	2.11	2.10	1.83	1.89	1.94	1.87	1.96	1.92	1.92	2.01	1.99	1.96	1.96	-7.11%
墨西哥	1.91	1.90	1.85	1.90	1.88	1.77	2.00	1.92	1.98	2.00	2.03	1.99	1.93	4.19%
印尼	2.24	1.98	1.83	1.79	1.77	1.72	1.80	1.87	1.95	2.01	1.99	2.00	1.91	-10.71%
巴西	1.88	1.88	1.86	1.95	1.94	1.84	1.99	1.95	1.88	1.90	1.92	1.89	1.91	0.53%
拉脱维亚	1.66	1.84	1.94	1.86	1.91	1.82	1.97	1.93	1.91	1.96	1.93	1.90	1.89	14.46%
芬兰	2.06	1.84	1.83	1.98	1.95	1.80	1.88	1.83	1.81	1.86	1.90	1.89	1.89	-8.25%
爱尔兰	2.04	1.87	1.88	2.05	2.17	2.09	1.71	1.74	1.72	1.71	1.76	1.72	1.87	-15.69%
希腊	1.49	1.45	1.58	1.98	1.87	1.94	2.02	1.98	1.96	1.98	2.00	2.01	1.85	34.90%
英国	2.07	2.00	1.94	2.12	1.84	1.72	1.82	1.75	1.72	1.73	1.75	1.78	1.85	-14.01%
波兰	2.34	2.30	1.79	1.79	1.81	1.75	1.75	1.68	1.67	1.71	1.69	1.72	1.83	-26.50%
斯洛伐克	2.19	2.30	1.83	1.86	1.58	1.59	1.64	1.60	1.60	1.60	1.61	1.58	1.75	-27.85%
加拿大	1.56	1.58	1.61	1.64	1.64	1.57	1.60	1.60	1.61	1.66	1.61	1.64	1.61	5.13%
俄罗斯	1.33	1.50	1.56	1.65	1.63	1.52	1.62	1.59	1.57	1.60	1.63	1.59	1.57	19.55%

注：该表按照 1997—2017 年金融支持上游度的均值对各国进行排名。

数据来源：参考刘慧等（2016），及 Antras 等（2012）的计算方式，由课题组整理计算。

2.98 上升到了 2017 年的 3.30，增幅近 11%。其次，美国、德国、法国和英国等发达国家的金融支持主要集中于制造业生产环节即中游，这些发达国家占据着全球价值链的高端，这在一定程度上表明：金融机构大力支持制造业中游生产环节，将帮助提高一个国家的国际分工地位。最后，日本、韩国和意大利比美国、德国等在财政上更具有支持性。尽管日本、韩国和意大利制造业处于全球价值链的最高端，但是国内的原料资源相对稀缺，金融机构应大量投资于制造业的上游原料环节，确保制造业健康发展。

第二节　制造业出口绩效测度与评价

一、出口技术复杂度

（一）出口复杂度的含义

出口复杂度是在 2003 年由豪斯曼（Hausmaim）首次提出的，它用来表示某个国家某个产业产品出口的结构，产品的出口复杂度越高，则我们就可以理解为该出口的产品所包含的技术水平就越高，同样，也会反映出产品出口国在世界市场分工中所处的位置。本研究将利用产品的技术复杂度和行业的出口复杂度计算公式，对相关内容做进一步的测算。

（二）产品的技术复杂度（PRODY）

出口复杂度最早是由豪斯曼等人（Hausmmann et al.，2007）提出，其具体的计算步骤如下：利用下列（5.9）的计算公式来计算某一产品的技术复杂度（PRODY）。

$$\text{PRODY}_K = \sum_j \frac{x_{jk} / X_j}{\sum_j (x_{jk} / X_J)} Y_j \tag{5.9}$$

其中 k 代表的是某个国家生产的某一产品，j 则代表出口这一产品的国家或地区。X_{jk} 代表 j 国家 k 产品的出口额。X_j 代表的是 j 国家生产的所有产品的出口总额，x_{jk}/X_j 表示 k 产品的出口额占 j 国家总出口额的比重，Y_j 则是以 2000 年不变价计算单位为美元的 j 国家的人均 GDP。

本书将主要以出口额占本国比重较高的位于世界前 50 位的国家和地区为例。分别为中国香港特别行政区、阿根廷、瑞士、墨西哥、哥伦比亚、捷克、加拿大、挪威、澳大利亚、玻利维亚、哈萨克斯坦、匈牙利、厄瓜多尔、斯洛伐克、马来西亚、奥地利、罗马尼亚、波兰、阿塞拜疆、冰岛、以色列、丹麦、新西兰、法国、巴拉圭、柬埔寨、越南、俄罗斯、斯洛文尼亚、巴拿马、爱尔兰、纳米比亚、阿尔及利亚、比利时、委内瑞拉玻利瓦尔共和国、美国、巴西、马拉维、瑞典、哥斯达黎加、赞比亚、菲律宾、新加坡、泰国、英国、克罗地亚、秘鲁、博茨瓦纳、中国澳门特别行政区、埃塞俄比亚。由于中国并没有位于前 50 位，因此需要增加中国的相关数据。利用所提及的计算公式，分别计算这 51 个国家在煤炭采选业、石油和天然气采选业、黑色金属矿采选业、有色金属矿采选业、非金属矿采选业、木材及竹材采运业、食品加工和制造业、饮料制造业、烟草加工业、纺织业、服装及其他纤维制品制造、皮革毛皮羽绒及其制品业、木材加工及竹藤棕草制品业、家具制造业、造纸及纸制品业、印刷业记录媒介的复制、文教体育用品制造业、石油加工及炼焦业，化学原料及化学制品制造业、医药制造业、化学纤维制造业、橡胶制造业、塑料制造业以及非金属矿物制造品业，得到这 51 个国家的 141 个产品的出口的技术复杂度。

（三）行业的出口复杂度（EXPY）

某一行业的出口复杂度则可用如下的公式表示，

$$EXPY_j = \sum_i \frac{x_{jk}}{X_j} PRODY_k \qquad (5.10)$$

其中 x_{jk}/X_j 表示的是 j 国家的 i 行业的 k 产品出口额与 j 国家 i 行业总出口额的比重。利用 UN COMTRADE 网站已经提供的数据，会得到制造业行业的出口复杂度水平。通过计算所得到的结果如表 5.2 所示：

表 5.2   经过处理的 51 个国家的 2017 年的 24 个行业出口技术复杂度

国家	01 行业	05 行业	10 行业	15 行业	20 行业	24 行业
阿根廷	0.030105	20.01393	162.198	298.3407	177.345	58.68006
阿塞拜疆	1.184718	0.232787	2.663524	0.626018	0.259449	0.475311
埃塞俄比亚	0.002191	0.197433	0.788771	0.054423	0.140653	0.061807
爱尔兰	28.94414	23.00996	398.9699	212.931	3778.596	251.6442
奥地利	0.944551	194.391	1910.307	4946.065	1980.203	1297.828
澳大利亚	3329.004	161.3568	220.5288	262.6088	718.816	359.9121
巴拿马	0.179325	2.409094	249.7392	103.2068	406.6373	98.84823
巴西	0.030422	37.8611	121.654	408.7096	35.77366	116.382
比利时	32.3208	133.8563	1127.285	1313.058	1616.281	3737.626
冰岛	0	172.4646	400.1823	78.88177	396.6201	46.61197
玻利维亚	0.032806	6.558396	17.95814	18.44153	1.322064	5.502332
博茨瓦纳	0.002789	40.80295	16.47246	11.01148	5.740803	2541.119
丹麦	11.33845	92.94723	1142.76	3020.829	3377.815	807.9783
俄罗斯	30.52368	7.950951	10.75974	42.28103	2.658179	8.760894
法国	1.899504	103.4016	1354.175	1713.944	2052.322	864.5597

国家	01 行业	05 行业	10 行业	15 行业	20 行业	24 行业
菲律宾	7.75E-05	2.689434	48.87311	79.12613	3.126577	31.40013
哥伦比亚	204.6645	0.971016	66.42988	54.58403	48.65947	71.3458
哥斯达黎加	0.018374	2.980134	68.81583	143.7049	207.2798	106.2379
哈萨克斯坦	38.95642	10.07921	3.083586	0.688051	0.445152	0.817196
加拿大	281.22	157.8701	443.6768	5071.841	263.6369	497.8887
柬埔寨	0	0.019795	3.259562	0.337992	0.017084	0.061906
捷克	164.0621	39.58845	717.0661	818.7652	114.0615	712.4731
克罗地亚	0.230669	37.82105	274.9512	356.2185	336.6463	301.1421
瑞士	0.035945	108.4235	1771.468	2525.546	11646	2280.229
斯洛伐克	0.440814	47.33641	264.812	606.6839	73.40606	222.1639
斯洛文尼亚	0.198562	9.740378	806.1156	2564.375	1009.93	530.1399
泰国	0.00308	21.15875	138.1138	120.5834	8.396118	118.2027
委内瑞拉	35.52105	33.81497	13.50489	16.82995	9.281275	40.49086
新加坡	0.081407	28.99299	1362.072	524.7599	836.8221	411.6079
新西兰	80.56919	27.07808	158.5874	1048.877	113.7539	57.25238
匈牙利	0.296499	5.86645	191.2944	527.051	201.4083	198.864
以色列	0	240.2489	521.884	168.4818	588.1359	13339.65
英国	18.41659	171.2329	1314.624	1175.015	2646.51	2239.438
越南	3.440623	0.24077	10.69481	10.64748	0.178355	6.285485
赞比亚	1.855938	1.876306	47.66354	1.742129	0.779056	63.48572
中国	10.88898	8.220419	118.1001	44.32046	13.32787	35.02598

数据来源:《世界银行数据库》。

　　之前已经有相关文献对我国的整体出口复杂度进行了测算,本研究也将借鉴 Hausmann et al.(2007)的方法,对我国制造业的各个行业的出口复杂度进行下一步的计算。

　　本研究还将采用 SITC(Rev3.0)三分位的分类标准,在这种分类标准下有 1100 多个产品。再根据联合国贸易委员会数据库网站(简称 UN COMTRADE)提供的 2000—2017 年间的数据,计算 140 多个产品的技术复杂度水平,每个国家的人均 GDP 数值来源于世界银行数据库网站(简称 WORLD BANK)。采用 2000 年不变价计算单位为美元。接下来,按照盛斌(2002)提出的 SITC(Rev3.0)三分位的分类标准以及经过国家统计局批准的国民经济标准行业分类标准 GB/4757-2002 之间的部分对照表,如下表 5.3 所示。

表 5.3   经过处理后的位于 GB/4757-2002 之间的部分对照表

SITC 编码	中国工业行业和商品名称
	01 煤炭采选业
321	coal non-agglomerated
322	briquettes/lignite/peat
	02 石油和天然气开采业
333	petrol./bitu.oil，crude
342	liquid propane/butane
343	natural gas
	03 黑色金属矿采选业
281	iron ore/concentrates
282	ferrous waste/scrap
	04 有色金属矿采选业
283	copper ores/concentrates
284	nickel ores/concs/etc
285	aluminium ores/cones/etc
287	base metal ore/conc nes
288	nf base metal waste nes
289	precious metal ore/conc.
	05 非金属矿采选业
272	fertilizer crude
273	stone/sand/gravel
274	sulphur/unroastd pyrites
277	natural abrasives n.e.s.
278	other crude minerals

根据以上两种分类评价方法总结得到两分位的行业分类，共有 36 个行业，但本书选取其中的 24 个行业，得到的出口复杂度如表 5.4 所示：

表 5.4   通过整理后所得 2000-2017 年我国制造业各行业的出口复杂度（EXPY）

行业	2000 年	2007 年	2012 年	2017 年	均值
食品加工制造业	8.2	10.84	11.23	13.2	10.868
饮料制造业	4.21	4.5	5.1	5.1	4.7275
烟草制品业	9.94	10.3	10.5	10.6	10.335
纺织业	6.63	7.23	5.9	6.3	6.515

续表

行业	2000 年	2007 年	2012 年	2017 年	均值
纺织服装、鞋、帽制造业	4.33	4.35	5.6	5.1	4.845
皮革、毛皮、羽毛（绒）及其制品业	5.51	5.3	5.3	5.3	5.3525
木材加工及木、竹、藤、棕草制品业	6.15	6.9	6.9	7.2	6.7875
家具制造业	9.46	8.97	10.6	10.6	9.9075
造纸及纸制品业	15.31	17.6	19.5	17.5	17.478
印刷业和记录媒介的复制	11.2	15.2	12.3	13.5	13.05
文教体育用品制造业	9.93	13.4	12.5	14.3	12.533
石油加工、炼焦及核燃料加工业	5.17	6.5	7.2	8.5	6.8425
化学原料及化学制品制造业	14.39	15.2	15.6	15.6	15.198
医药制造业	16.44	18.5	19.2	19.2	18.335
化学纤维制造业	11.64	10.2	10.36	10.3	10.625
黑色金属冶炼及压延加工业	12.54	14.2	12.6	12.5	12.96
有色金属冶炼及压延加工业	11.43	13.2	11.5	12.6	12.183
金属制造品	12.17	13.1	13.5	13	12.943
通用设备制造业	13.63	14.3	13.5	15.2	14.158
专用设备制造业	14.51	15.6	15.1	15.9	15.278
交通运输设备制造业	9.85	9.6	9.2	8.2	9.2125
电气机械及器材制造业	12.64	13.1	12.9	13.6	13.060
通信设备、计算机及其他电子设备制造业	13.44	13.3	12.3	12.3	12.835
仪器仪表及文化、办公用机械制造业	14.06	14.8	15.2	13.9	14.490

数据来源：《世界银行数据库》。

根据表 5.4 不难发现：从 2000 年到 2017 年，绝大部分行业的出口复杂度都是在上升期，由此可以看出我国的制造业在世界市场中，通过吸引外商投资、购买先进的机器设备、引进先进的技术以及来料加工等方式不断增强我国的技术积累和生产经验。同时，在表的最后一列求出的各个行业出口复杂度的均值，可以看出价值地位较高的 7 个行业依次是医药制造业，专用设备制造业，造纸及纸制品业，化学原料及化学制品制造业，仪器仪表及文化、办公用机械制造业，通用设备制造业，黑色金属冶炼及压延加工业；价值地位较低的 7 个行业依次是饮料制造业，纺织服装、鞋、帽制造业，石油加工、炼焦及核燃料加工业，皮革、毛皮、羽毛（绒）及其制品业，纺织业，木材加工及木、竹、藤、棕草制品业，食品加工制造业。

为了确定技术创新是否对不同的行业有不同的影响，本研究根据谢建国（2003）的行业分类方法，将选取的 24 个行业分为三个大的类别，分别是资本技术密集型行业、劳动密集型行业以及资本密集型行业，根据这三类的出口复杂度，形成图 5.1。

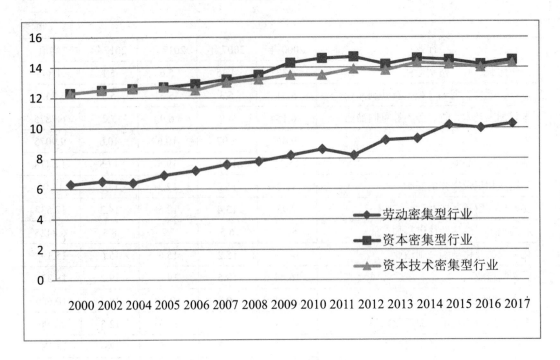

图 5.1　我国 2000－2017 年三个行业出口复杂度（EXPY）

数据来源：依据联合国贸易统计数据库，由作者测算而得。

图 5.1 表明，资本密集型行业与资本技术密集型行业几乎接近一致，而劳动密集型行业则明显低于其他两类行业，这一结果恰巧与各行业的生产要素投入密集度相似。

二、基于 LP 的产品出口质量测算

（一）测度模型选取与确认

本研究使用 LP 法，通过柯布－道格拉斯生产函数，对我国制造业企业的出口产品质量进行评估。具体生产函数形式如下：

$$Y_{it} = TFP_{it}(\pi) \cdot L_{it}^{\gamma 1} \cdot K_{it}^{\gamma 2} \cdot M_{it}^{\gamma 3} \tag{5.11}$$

其中，Y_{it} 表示第 t 期第 i 个制造业部门的产出，以工业增加值表示；TFP_{it} 表示第 t 期第 i 个制造业部门的出口产品质量，是本研究的测算对象；L_{it}、K_{it}、M_{it} 分别通过三种要素总和的占比表示。

对（5.11）式等号两端取对数得出：

$$lnY_{it} = \gamma_0 + \gamma_1 lnL_{it} + \gamma_2 lnK_{it} + \gamma_3 lnM_{it} + \mu_{it} \tag{5.12}$$

（二）数据变量及测算方式选取

1. 被解释变量

出口产品质量。由于出口产品质量测算所需的观测值过大，每年超过千万个，本研究将参考出口产品质量与全要素生产率间的相关关系，直接使用 TFP 的测算数值。本研究将使用对样本容量相对低且稳定的回归方法——Levinsohn-Petrin 方法，对我国各省份制造业企业全要素生产率进行测算。

2. 解释变量

核心解释变量：劳动力（L）。劳动投入是制造业企业的主要生产投入，工资越高企业的劳动力越强，则生产力也越强。本研究将采用各省制造业就业人员总工资作为各省制造业企业的劳动力投入的衡量指标。

资本（K）。制造业企业生产必然受到资本投入影响，通常资本提升会同步提升企业生产的基础设施，进而使得制造业企业生产效率得以提升，本书将采用各省制造业企业固定资产作为各省制造业企业的资本投入的衡量指标。

中间投入（M）。通常中间投入增加，将提升企业的技术创新能力，最终引起企业生产效率提升。本书将采用各省制造业主营业务成本作为各省制造业企业的中间投入的衡量指标。

营业收入（Y）。营业收入往往能够直观表达出企业经营情况，营业收入增加意味着企业的市场份额增加，则产品质量也将会提升以继续占领市场。本书将采用各省制造业企业营业收入作为衡量指标。

3. 测度方法选取

TFP 测算通常会采用索洛余值法，用以测算宏观角度 TFP 如何作用于国民经济，以及 OLS 参数估计法，用以测算微观角度 TFP。但上述方法均存在一定的缺陷，例如样本选择性偏差、同时性偏差等诸多问题。因此随着相关研究的开展，参数回归逐渐成为研究者的主流选择。其中连玉君、鲁晓东的 Olley-Pakes（OP 法）与 Levinsohn-Petrin（LP 法）均能解决传统测算方式中的样本选择偏差以及内生性的问题。并且 LP 法相较于 OP 法可使企业中间投入的变量相对更容易获取，能够有效扩大样本的容量。

因此本研究采用 LP 法对出口产品质量进行测算，这里参考了连玉君（2012）使用的计量模型，如下：

$$Y_{it} = \beta_{it} + \beta_l L_{it} + \beta_k K_{it} + \beta_m M_{it} + \eta_{it} \tag{5.13}$$

（三）测度结果

表 5.5　我国出口产品质量测算结果

地区	年份				
	2013 年	2014 年	2015 年	2016 年	2017 年
北京	1.073583	1.083189	1.018216	1.077296	1.082255
天津	1.618578	1.666699	1.60037	1.488632	2.054819
河北	0.936859	0.810779	0.762188	0.793029	0.926626
山西	0.857337	0.713154	0.564381	0.533939	0.745752
内蒙古	1.167213	1.044685	0.985713	0.89764	0.689529
辽宁	1.612763	1.670759	1.559195	1.089625	1.226188
吉林	1.729733	1.629799	1.586592	1.526498	1.682032
黑龙江	1.304921	1.178716	0.981433	0.909625	0.911972
上海	1.629186	1.672707	1.55899	1.64649	1.81743
江苏	1.730056	1.641315	1.601549	1.668712	1.947392
浙江	2.003201	1.933817	1.919312	2.023192	2.140316
安徽	1.682373	1.696452	1.515934	1.694875	2.00615
福建	2.427617	2.355944	2.348883	2.465543	2.550015
江西	2.19877	2.055822	1.758543	1.644539	1.989109
山东	1.770339	1.589552	1.499323	1.548546	1.68338
河南	1.668062	1.484712	1.35489	1.361482	1.515458
湖北	1.595965	1.63721	1.626889	1.720021	1.926225
湖南	2.357371	2.297675	2.254668	2.312815	2.393576
广东	2.341307	2.253614	2.199774	2.329481	2.546789
广西	2.070163	2.10441	2.127363	2.193091	1.84888
海南	0.741058	0.755833	0.594055	0.555353	0.714277
重庆	1.715601	1.625542	1.518908	1.522262	1.759297
四川	1.441695	1.381681	1.248781	1.189436	1.288107
贵州	0.964483	1.023179	0.965727	1.055847	1.234198
云南	0.834247	0.751216	0.709556	0.705445	0.716917
西藏	0.110277	0.090504	0.06607	0.071334	0.065173
陕西	1.404863	1.108626	0.926441	0.839551	1.059987
甘肃	0.737577	0.703594	0.510328	0.498546	0.530681
青海	0.426487	0.375867	0.297907	0.298713	0.284572
宁夏	0.51205	0.461272	0.394536	0.398696	0.405823
新疆	1.04719	0.951988	0.778297	0.709149	0.826043
北京	0.873919	0.91535	0.980208	1.091256	1.026373
天津	1.801328	1.568341	1.650666	1.706696	1.644894

地区	年份				
	2013 年	2014 年	2015 年	2016 年	2017 年
河北	1.276824	1.033785	1.055571	1.11113	0.970648
山西	1.048204	0.857795	0.994948	1.08472	1.002874
内蒙古	1.264441	1.275666	1.290467	1.412948	1.314416
辽宁	1.37742	1.339396	1.526809	1.735176	1.770619
吉林	1.574462	1.488595	1.703748	1.906372	1.879255
黑龙江	1.624025	1.2561	1.449719	1.601816	1.451416
上海	1.592375	1.484167	1.771725	1.7612	1.683052
江苏	1.981449	2.02366	1.984813	2.141543	2.040525
浙江	1.934807	1.788146	1.942049	2.092028	2.047854
安徽	1.596581	1.556506	1.685425	1.860795	1.779244
福建	2.155898	2.117414	2.322201	2.38417	2.361449
江西	2.036264	2.144771	2.412189	2.618638	2.509294
山东	2.20226	1.996486	1.96205	2.008996	1.89507
河南	2.492594	2.246872	2.35269	2.234093	2.072581
湖北	1.223086	1.234341	1.44714	1.616032	1.762132
湖南	2.223395	2.019082	2.12677	2.295426	2.32385
广东	2.672919	2.536539	2.404513	2.783304	2.738692
广西	1.845544	1.755947	1.979443	2.296823	2.132278
海南	0.86073	0.782984	0.917824	1.108412	1.057087
重庆	2.176889	2.16792	2.18204	2.546108	2.33264
四川	1.536436	1.413176	1.556085	1.790631	1.698893
贵州	0.844845	0.749409	0.81122	1.123245	0.94119
云南	1.124328	0.876037	0.910488	0.97331	0.964694
西藏	0.129459	0.131072	0.123911	0.145291	0.117013
陕西	1.188923	1.03962	1.441908	1.277231	1.235666
甘肃	0.894436	0.728535	0.807392	0.919103	0.841842
青海	0.458477	0.407707	0.438837	0.523942	0.496457
宁夏	0.664493	0.625443	0.630278	0.590127	0.523829
新疆	1.644266	1.112923	1.316704	1.450583	1.289757

数据来源：基于 WIOD 官网数据计算得出。

表 5.5 中的 TFP 值基本处于［0，4］之间，少部分数值已接近计算阈值，这可能是在企业生产过程中中间投入要素略多、产出略少所导致的，但总体相对稳定。

第六章　金融支持对制造业出口绩效影响的实证分析

不同学者研究金融支持与制造业出口绩效的关系，往往选取出口贸易规模或贸易结构等单一指标，本章力图丰富和延伸出口绩效的内涵，即分别从贸易质量和规模两个维度出发，选取和测算出口技术复杂度和出口规模两个指标，全面反映一国出口绩效，以期探讨金融支持对制造业出口绩效的影响。

第一节　基于出口技术复杂度对制造业出口绩效影响的实证分析

一、出口技术复杂度的测算

（一）测算方法

本研究首先测算制造业下各细分产品的出口技术复杂度指数（PRODY）：

$$PRODY_K = \sum_j \frac{x_{jk} / X_j}{\sum_j (x_{jk} / X_j)} Y_j \tag{6.1}$$

其中 x_{jk} 代表 j 国家 k 产品的出口额，X_j 代表的是 j 国家生产的所有产品的出口总额，Y_j 则是以 2006 年不变价计算单位为美元的 j 国家的人均 GDP。

基于 PRODY 的测算，某一国（或地区）制造业的出口技术复杂度（以下简称 EXTEC）的计算公式为：

$$EXTEC_j = \sum_k \frac{x_k}{X} PRODY_k \tag{6.2}$$

其中，x_k 为一国（或地区）k 商品的出口额，X 为该国（或地区）的出口总额，$PRODY_k$ 为商品 k 的出口技术复杂度。

（二）数据来源

数据来源于联合国贸易委员会数据库（以下简称 UN Comtrade Data），考虑数据的可得性,样本区间为 2006－2017 年,涵盖了全球制造业出口比重位于世界前 49 位的国家(或地区)。出口数据是从 UN Comtrade Data 数据库获得,国内生产总值数据为购买力平价的人均 GDP,均采用的是当年国际美元价格。

（三）测算结果及分析

本书将主要以制造业出口额占该国比重位于世界前 49 位的国家(或地区)为例(详见附录 1)。利用公式(6.2),可计算出 2006－2015 年 49 个国家(或地区)的 EXTEC(详见附录 2)。

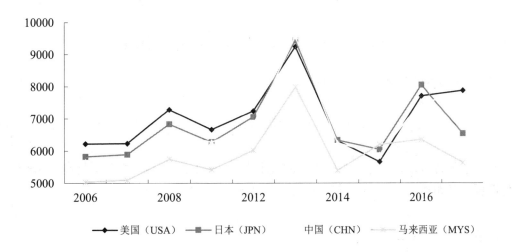

图 6.1　部分国家 2006－2017 年出口技术复杂度

数据来源:根据 UN Comtrade Data、World Bank 计算得出。

图 6.1 显示了 2006－2017 年以 USA、JPN 为代表的发达国家和以 CHN、MYS 为代表的发展中国家的出口技术复杂度时间序列。从图中可以看出,美国的出口技术复杂度相对于其他国家而言,连续处在最高水平,由于样本期间 JPN 人均高于 USA,两国 EXTEC 的差异可能来源于出口结构的不同,即 USA 出口 EXTEC 高的份额占比高于 JPN。CHN 作为最大的发展中国家,在四个样本国家中的 EXTEC 处于中间水平。随着技术水平的逐渐提高和迅速提升的生产率,CHN 的 EXTEC 显著地向 USA、JPN 等发达国家靠拢。例如 CHN 与 USA 的 EXTEC 差距从 2006 年的 560.3 缩小至 2017 年的 193.8。

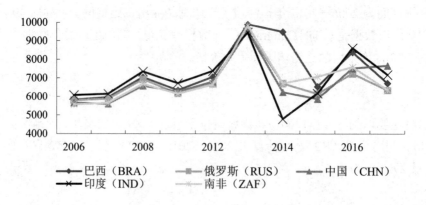

图 6.2 "金砖五国"2006－2017 年出口技术复杂度

数据来源：根据 UN Comtrade Data、World Bank 计算得出。

由图 6.2 对比"金砖五国"的 EXETC，2006－2012 年，中国的 EXETC 与巴西、俄罗斯、印度和南非的差距尚处于伯仲之间。2012 年以后，随着 FDI 的大量引入，中国充分吸收了外资技术外溢进而带动本国的技术提升，EXETC 得到了明显的提高，逐渐与其他四国拉开距离，并于 2017 年首次超过了其他四个国家。

二、计量模型构建

$$LNEXTEC_{it} = \beta_0 + \beta_1 LNBRC_{it} + \beta_2 LNPCR_{it} + \beta_3 LNSTV_{it} + \beta_4 LNSTTR_{it} \\ + \beta_5 LNFDI_{it} + \beta_6 LNRD_{it} + \varepsilon \tag{6.3}$$

$EXTEC_{it}$ 为 i 国第 t 年的出口技术复杂度，β_0 为截距，BRC_{it} 为 i 国第 t 年的金融机构提供的信贷总额占 GDP 的比重，PCR_{it} 为 i 国第 t 年的金融机构向私人部门提供的贷款总额占 GDP 的比重，STV_{it} 为 i 国第 t 年的股票市场交易额占 GDP 的比重，$STTR_{it}$ 为 i 国第 t 年的股票交易中的国内股票周转率，FDI_{it} 为 i 国第 t 年外商直接投资净流量占 GDP 的比重，RD_{it} 为 i 国第 t 年研发支出占 GDP 的比重。

三、变量选取及统计性描述

（一）数据来源

文中数据来源于联合国贸易统计数据库（UN Comtrade Data）、世界银行（World Bank）。考虑到数据的可得性，样本容量最终确定为 49 个国家（或地区），样本期间为2006－2017 年。后续实证出现作为金融支持基于出口技术复杂度影响制造业出口绩效的解释变量的相关数据，均可通过 World Bank 来查找。

（二）变量描述

各解释变量的含义及其具体定义如下：

（1）金融支持指标：用金融机构提供的信贷总额占 GDP 的比重（BRC）（%）、金融机构向私人部门提供的贷款总额占 GDP 的比重（PCR）（%）、股票市场交易额占 GDP 的比重（STV）（%）和股票交易中的国内股票周转率（STTR）（%）表示。BRC 衡量金融机构信贷规模和 PCR 衡量金融机构信贷效率，两者均表示银行信贷市场的发展水平，反映制造业企业通过间接融资渠道获取外源融资的规模和难易程度。STV 和 STTR，衡量股票市场的流动性，表明股票市场的发展水平，反映制造业企业通过直接融资渠道获取外源融资的规模和难易水平。

（2）外商直接投资指标：用外商直接投资净流量占 GDP 的比重（FDI）（%）表示。FDI 作为国际资本流动的一种重要形式，不通过东道国的金融中介体系，直接作用于东道国出口部门，尤其是对资本和技术密集型的出口产业提供融资支持，从而提升东道国的 EXTEC。

（3）研发投入指标：用研发支出占 GDP 比重（RD）（%）表示。RD 越高的国家相对于 RD 越低的国家更容易获得技术进步，RD 可促进一国进行技术创新，从而提高 EXTEC。

（三）变量的统计型描述

为了更加直观地观测金融支持基于出口技术复杂度对制造业出口绩效的影响的变量，本书对变量进行简单的统计型描述，见表 6.1。

表 6.1　变量统计型描述

变　量	平均值	标准误	最小值	最大值
国家制造业出口技术复杂度（EXTEC）	6895.5212	3.5603	1736.9242	15090.9500
金融机构提供的信贷总额占 GDP 的比重（BRC）（%）	79.8022	0.0947	2.2590	233.3959
金融机构向私人部门提供的贷款总额占 GDP 的比重（PCR）（%）	112.7790	0.1448	−16.3782	357.3186
股票市场交易额占 GDP 的比重（STV）（%）	64.3517	0.2089	0.0000	952.7000
股票交易中的国内股票周转率（STTR）（%）	70.1761	0.1329	0.0304	480.2873
外商直接投资净流量占 GDP 的比重（FDI）（%）	5.1803	−16.0707	87.4426	0.0193
研发支出占 GDP 比重（RD）（%）	1.5010	0.0022	0.0275	5.5200

数据来源：根据 UN Comtrade Data、World Bank 整理可得。

由表 6.1 可看出，各国（或地区）的 EXTEC 差异明显，最小值为 1736.9242，最大值达到了 15090.9500。从表 6.1 观察金融发展指标可知各国（或地区）金融发展水平波动范围大，以 BRC 为例，平均值为 79.8022，最大值达到了 233.3959。

（四）单位根检验

为了避免出现伪回归现象，首先进行平稳性检验（见表 6.2）。

表 6.2　面板数据单位根检验

检验方法	LLC	IPS	ADF	PP
LNEXTEC	−11.6812***	−5.0572***	126.8802***	128.1539***
LNBRC	−6.2799***	0.1383	70.6394	99.3546***
LNPCR	−4.4750***	0.8381	81.5693**	109.4200***
LNSTV	−3.9968***	−0.2767	61.9528	67.1454
LNSTTR	−7.0446***	−2.2532**	87.4519**	94.4748***
LNFDI	−2.2031***	1.1912	75.8759	121.3967
LNRD	−1.1885	1.6954	49.0522	73.7604
DLNEXTEC	−22.8452***	−10.4909***	238.3249***	364.7093***
DLNBRC	−11.8787***	−5.8406***	151.2698***	201.2434***
DLNPCR	−12.4159***	−5.7627***	149.2636***	175.7848***
DLNSTV	−22.9544***	−10.7911***	238.6622***	274.3033***
DLNSTTR	−19.0572***	−8.9966***	208.0226***	317.3696***
DLNFDI	−1683.222***	−209.4056***	114.7214***	149.4292***
DLNRD	−10.7521***	−5.6011***	147.7884***	184.9185***

注：***、**、*分别表示 $P<0.001$，$P<0.01$，$P<0.5$，D 为一阶差分。

根据表 6.2 可知，原值序列 LNBRC 在 IPS 和 ADF 检验形式下接受原假设，即存在单位根；LNPCR 在 IPS 检验形式下接受原假设，即存在单位根；除 LLC 检验外，LNSTV、LNFDI 均接受原假设，即存在单位根；四种检验形式下，LNRD 均接受原假设，即存在单位根。因此可看出原值序列为非平稳序列。在四种检验形式下，一阶差分序列均通过了 1%的显著水平检验，由此表明一阶差分序列是平稳单整的序列。

（五）计量回归

应用 Stata12.0 软件对有关数据进行回归，结果如表 6.3 所示。

表 6.3　回归结果

Dependent Variable：LNEXTEC	Sample:2006-2017
C	6.8248***（12.5346）
LNBRC	0.5780***（7.3454）
LNPCR	0.3394**（2.5243）
LNSTV	0.3538**（2.4364）
LNSTTR	0.2724*（1.9822）
LNFDI	0.2454*（2.6300）
LNRD	0.1685**（2.1025）
R-squared	0.3793
Adjusted R-squared	0.3636
F-statistic	26.9567
Prob（F-statistic）	0.0000
Hausman test	18.8836***

注：***、**、*分别表示 P<0.001，P<0.01，　P<0.5。

如表 6.3 所示，F 检验的相对 P 值为 0.0000，建立混合模型的原始假设被拒绝，Hausman 检验结果显示在 1% 的显著性水平下拒绝随机效应（Re）假设，故应设定为固定效应面板数据模型。从模型的回归结果可以看出，LNBRC、LNPCR、LNSTV、LNSTTR、LNFDI 和 LNRD 的估计系数分别为 0.5780、0.3394、0.3538、0.2724、0.2454 和 0.1685，这六个解释变量都在 10%的水平上通过了显著性检验。

四、实证分析结果

表 6.3 列出了基于模型（6.3）、采用 2006－2017 年制造业出口比重位于前 49 位的国家（或地区）、以出口技术复杂度度量的出口绩效对解释变量的回归结果。结果显示：金融机构提供的信贷总额占 GDP 的比重（BRC）（%）、金融机构向私人部门提供的贷款总额占 GDP 的比重（PCR）（%）、股票市场交易额占 GDP 的比重（STV）（%）和股票交易中的国内股票周转率（STTR）（%）都在 10%的水平上显著为止，说明金融支持对出口技术复杂度确实存在显著的促进作用。以衡量金融机构信贷规模的指标为例，金融机构提供的信贷总额占 GDP 的比重每提高 1 个百分点，就可以促进出口技术复杂度提升 0.5780 个百分点。这符合本书关于金融支持对制造业出口绩效的促进作用的预期。外商直接投资净流量占 GDP 的比重（FDI）（%）在 10%的水平上显著为正，即外商直接投资净流量占 GDP 的比重有助于提高出口技术复杂度。研发支出占 GDP 比重（RD）（%）

的回归系数为正，且在 5% 的水平上显著为正，说明研发投资作为国内自主创新和知识资本积累的动力源泉，对一国出口技术复杂度的提升起到重要作用。

第二节　基于出口规模对制造业出口绩效影响的实证分析

一、出口规模的测算

（一）测算方法

制造业出口规模（SCALE）的计算公式为：

$$SCALE_i = x_i / X \tag{6.4}$$

其中 x_i 为一国或地区 i 的制造业出口额，X 为世界制造业总出口额。

（二）数据来源

本书考虑数据的可得性，样本区间为 2006—2017 年，涵盖了全球制造业出口比重位于世界前 49 位的国家（或地区）。出口数据是从世界银行数据库获得，采用的是当年国际美元价格。

（三）测算结果及分析

由公式（6.4）可以测算出 2006—2017 年 49 个国家（或地区）制造业的出口规模（详见附录 3）。

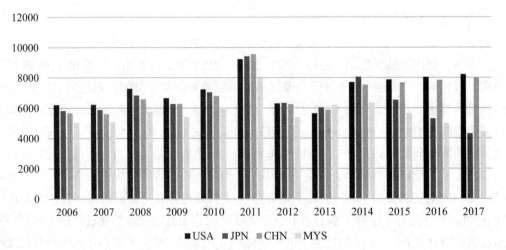

图 6.3　部分国家 2006–2017 年出口规模

数据来源：根据 World Bank 计算得出。

图 6.3 显示了 2006－2017 年以美国、日本为代表的发达国家和以中国、马来西亚为代表的发展中国家的出口规模时间序列，从图中可以看出，中国的出口规模在 2006 年为 0.0822，低于美国的 0.0849。2007－2017 年，中国的出口规模始终处于最高水平，由于样本期间美国的出口技术复杂度高于中国，两国出口规模的差异可能源于美国出口技术含量高的产品份额占比高于中国。

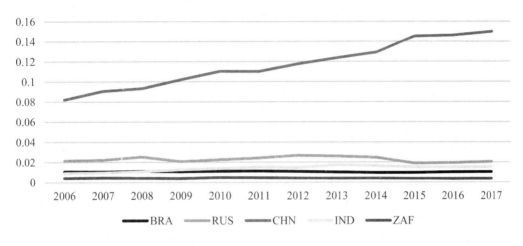

图 6.4　"金砖五国" 2006–2017 年出口规模

数据来源：根据 World Bank 资料计算获得。

由图 6.4 对比 "金砖五国" 的出口规模，2006－2017 年 "金砖五国" 的出口规模整体呈现上升趋势，中国世界工厂地位的确立使得其出口规模大幅度超过其他四个国家。由于样本期间中国的出口技术复杂度在 "金砖五国" 中一直处于中等偏下水平，中国与其他四国出口规模的差异可能源于中国出口技术含量低的产品份额占比高于其他四国。

二、计量模型构建

$$LNSCALE_{it} = \beta_0 + \beta_1 LNBRC_{it} + \beta_2 LNPCR_{it} + \beta_3 LNSTV_{it} + \beta_4 LNSTTR_{it} \\ + \beta_5 LNRD_{it} + \beta_6 LNEDU_{it} + \varepsilon \quad (6.5)$$

$SCALE_{it}$ 为 i 国第 t 年的出口规模，β_0 为截距，BRC_{it} 为 i 国第 t 年金融机构提供的信贷总额占 GDP 的比重，PCR_{it} 为 i 国第 t 年金融机构向私人部门提供的贷款总额占 GDP 的比重，STV_{it} 为 i 国第 t 年股票市场交易额占 GDP 的比重，RD_{it} 为 i 国第 t 年研发支出占 GDP 的比重，EDU_{it} 为 i 国第 t 年人力资本。

三、变量选取及统计性描述

（一）数据来源

数据来源于 UN Comtrade Data、World Bank。考虑到数据的可得性，样本容量最终确定为 49 个国家（或地区），样本期间为 2006－2017 年。后续实证出现的作为金融支持基于出口规模影响制造业出口绩效的解释变量的相关数据，均可通过 World Bank 来查找。

（二）变量描述

各解释变量的含义及其具体定义如下：

（1）金融支持指标：用金融机构提供的信贷总额占 GDP 的比重（BRC）（%）、金融机构向私人部门提供的贷款总额占 GDP 的比重（PCR）（%）、股票市场交易额占 GDP 的比重（STV）（%）和股票交易中的国内股票周转率（STTR）（%）表示。

（2）研发投入指标：用研发支出占 GDP 的比重（RD）（%）表示。投资可以增加知识资本的积累，提高出口制造业企业的技术水平和创新能力，有助于激发其参与国际市场及扩张出口产品种类，对于一国出口规模具有重要影响。

（3）人力资本（EDU）：用中等教育入学率表示。人力资本从一定程度上可以提升技术进步，提高劳动生产率，间接促进出口规模的增长。

（三）变量的统计型描述

为了更加直观地观测金融支持基于出口规模对制造业出口绩效的影响变量，本书对变量进行简单的统计型描述，见表 6.4。

表 6.4　变量统计型描述

变　　量	平均值	标准误	最小值	最大值
国家制造业出口规模（SCALE）	0.0190	0.0001	0.0022	0.1452
金融机构提供的信贷总额占 GDP 的比重（BRC）（%）	79.8022	0.0947	2.2590	233.3959
金融机构向私人部门提供的贷款总额占 GDP 的比重（PCR）（%）	112.7790	0.1448	−16.3782	357.3186
股票市场交易额占 GDP 的比重（STV）（%）	64.3517	0.2089	0.0000	952.7000
股票交易中的国内股票周转率（STTR）（%）	70.1761	0.1329	0.0304	480.2873
研发支出占 GDP 的比重（RD）（%）	1.5010	0.0022	0.0275	5.5200
人力资本（EDU）	60.3452	0.0398	22.2938	89.7707

数据来源：根据 UN Comtrade Data、World Bank 资料整理获得。

由表 6.4 可看出，出口规模平均值为 0.0190，最大值达到了 0.1452，各个国家和地区的出口规模波动范围较大。从表 6.4 观察金融发展指标可知，各国（或地区）金融发展水平波动范围较大，以 BRC 为例，平均值为 79.8022，最大值达到了 233.3959。

（四）单位根检验

为了避免出现伪回归现象，首先进行平稳性检验（见表 6.5）。

表 6.5　面板数据单位根检验

检验方法	LLC	IPS	ADF	PP
LNSCALE	−4.7499***	−0.4978	53.9834	43.2627
LNBRC	−4.2674***	−0.6409	58.1803*	86.5490***
LNPCR	−1.6848**	1.31565	38.3548	85.1591***
LNSTV	−11.2171***	−2.7510***	86.6971***	46.1256
LNSTTR	−2.9052***	0.0795	39.7163	51.7766
LNRD	−1.5705*	−0.7264	63.1168**	56.1267
LNEDU	−6.6049***	0.0810	46.4318	72.3357***
DLNSCALE	−5.0352***	−1.3856*	61.3451**	143.7041
DLNBRC	−17.0493***	−5.1666***	106.5648***	130.8393***
DLNPCR	−4.5614***	−1.2950*	58.2268*	119.3658
DLNSTV	−5.8404***	−3.5748***	89.8689***	220.5809***
DLNSTTR	−35.2164***	−13.9866***	233.6951***	238.1056***
DLNRD	−25.1626***	−6.1345***	101.6264***	122.340***
DLNEDU	−11.1583***	−5.5939***	122.6217***	208.7649***

注：***、**、*分别表示 P<0.001，P<0.01，P<0.5，D 为一阶差分。

根据表 6.5 可得，原值序列 LNBRC 在 IPS 检验形式下接受原假设，即存在单位根；LNSTV 在 ADF 检验形式下接受原假设，即存在单位根；LNPCR 和 LNEDU 在 IPS 和 ADF 检验形式下接受原假设，即存在单位根；在 IPS 和 PP 检验下，LNRD 接受原假设，即存在单位根；在除 LLC 检验外的其他三种检验中，LNSCALE、LNSTTR 均接受原假设，即存在单位根。因此可以看出，原值序列为非平稳序列。一阶差分序列中，DLNSCALE 和 DLNPCR 在 PP 检验下接受原假设，即存在单位根，但其余所有的序列在各种检验形式下都分别通过了 10%、5%、1%的显著水平检验，因此一阶差分序列是平稳单整的序列。

（五）计量回归

应用 Stata 12.0 软件对有关数据进行回归，结果如表 6.6 所示。

表 6.6　回归结果

Dependent Variable：LNSCALE	Sample：2006-2017
C	4.4873***（11.5356）
LNBRC	0 .4084**（7.3254）
LNPCR	0.2219*（2.5253）
LNSTV	0.3567**（3.4354）
LNSTTR	0.2366*（1.9822）
LNRD	0.2029**（2.6300）
LNEDU	0.2715（1.9593）
R-squared	0.4893
Adjusted R-squared	0.3436
F-statistic	27.9567
Prob（F-statistic）	0.0000
Hausman test	6.8736***

注：***、**、*分别表示 P<0.001，P<0.01，P<0.5。

如表 6.6 所示，F 检验的相对 P 值为 0.0000，建立混合模型的原假设被拒绝，Hausman 检验结果显示，在 1%的显著性水平下拒绝随机效应（Re）假设，从而应设定为固定效应面板数据模型。从模型的回归结果可以看出，LNBRC、LNPCR、LNSTV、LNSTTR、LNRD 和 LNEDU 的估计系数分别为 0.4084、0.2219、0.3567、0.2366、0.2029 和 0.2715，这六个解释变量都在 10%水平上通过了显著性检验。

四、实证分析结果

表 6.6 列出了基于模型（6.5），采用 2006－2017 年制造业出口比重位于前 49 位的国家（或地区）以出口规模度量的出口绩效对解释变量的回归结果。结果显示：在表 6.6 的回归中，金融机构提供的信贷总额占 GDP 的比重（BRC）（%）、金融机构向私人部门提供的贷款总额占 GDP 的比重（PCR）（%）、股票市场交易额占 GDP 的比重（STV）（%）和股票交易中的国内股票周转率（STTR）（%）都在 10%的水平上显著为正，说明金融支持显著地促进了出口规模的提升。以衡量股票市场流动性的指标为例，股票市场交易额占 GDP 的比重提高 1 个百分点，可以促进出口规模提升 0.3567 个百分点。这符合本书关于金融支持对制造业出口绩效的促进作用的预期。研发支出占 GDP 的比重（RD）（%）的回归系数为正，且在 5%的显著性水平下显著，说明研发投资有助于一国出口规模的提升。人力资本（EDU）有助于劳动分工的深化和生产效率的改善，从而有助于出口规模的提升。

第三节　实证分析结果汇总

在垂直化专业分工日益加深的情况下，产品真正的技术含量难以精准地通过国际贸易对产品的传统分类标准反映出来。因此，有必要引入出口技术复杂度指标，以此从出口质量的视角反映一国的出口绩效。在金融支持基于出口技术复杂度对制造业出口绩效影响的实证分析中，从表 6.3 的跨国面板数据回归结果看，金融支持对一国出口技术复杂度确实存在显著的促进作用，并且金融支持水平的提升在很大程度上推动了一个国家制造业出口技术复杂度的提升。随着全世界生产网络的快速运转和不断深化的价值链分工体系，越来越多的跨国制造业企业更倾向于在全世界范围内实现资源的有效配置，跨国制造业企业往往是高端科技的拥有者，外商直接投资的流入在一定程度上可以大幅度减少制造业企业在研发和学习先进技术上投入的成本，有助于提高出口技术复杂度。研发支出占 GDP 的比重作为一国技术创新和知识资本积累的动力源泉，同样对一国出口技术复杂度的提升发挥关键的作用。

从制造业出口规模的测算结果看，在日益激烈的国际竞争的大背景下，出口规模反映一国（或地区）在国际分工体系中所处的地位，并且一国的出口规模增加得越快或保持持续的稳定增长，那么该国的贸易福利水平将具有稳定性。因此，有必要引入出口规模指标，以此反映一国的出口绩效。从表 6.6 的回归结果看，金融支持对一国出口规模确实存在显著的促进作用，并且金融支持水平的提升在一定程度上推动了一个国家制造业出口规模的提升。研发支出占 GDP 的比重作为国内自主创新和知识资本积累的动力源泉，对一国出口规模的提升起到重要作用。人力资本的边际系数为正，表明一国的人力资本水平越高，工人的学习时间将会相应地降低，技术吸收能力在一定程度上也会相应地提高，并有助于加强劳动分工和改善劳动生产率，从而有助于出口规模的提升；人力资本边际影响不显著，可能由于人力资本所反映的知识资本积累和人力资本提升对当期出口规模的影响具有时滞效应，在滞后若干年中其正向作用得以表现出来。

综上所述，金融支持对制造业出口绩效具有显著的促进作用。

第七章 金融支持上游度对制造业出口绩效影响的实证分析

第一节 金融支持上游度对制造业出口二元边际影响的实证分析

一、金融支持与制造业出口的扩展边际

（一）模型设定

$$LNSCALE_{it} = \beta_0 + \beta_1 LNBRC_{it} + \beta_2 LNPCR_{it} + \beta_3 LNSTV_{it} + \beta_4 LNSTRR_{it} + \beta_5 LNFSU_{it} + \varepsilon_{it}$$
$$\tag{7.1}$$

$SCALE_{it}$ 为 i 国第 t 年的出口规模，β_0 为截距，BRC_{it} 为 i 国第 t 年金融机构提供的信贷总额占 GDP 的比重，PCR_{it} 为 i 国第 t 年金融机构向私人部门提供的贷款总额占 GDP 的比重，STV_{it} 为 i 国第 t 年股票市场交易额占 GDP 的比重，$STTR_{it}$ 为 i 国第 t 年股票交易中的国内股票周转率，FSU_{it} 为 i 国第 t 年的金融支持上游度。

（二）指标说明

本节主要探讨的是金融支持上游度对国家制造业出口规模的影响，因此选取金融支持上游度为解释变量，国家制造业的出口规模为被解释变量。为了进一步提高检验的科学性，采取各国其他属性的变量作为可控变量。数据均来源于 WIOD、World Bank。因为数据的缺失，本书只测量了 1997—2011 年 34 个国家（或地区）的金融支持上游度。

（1）金融支持指标：用金融机构提供的信贷总额占 GDP 的比重（BRC）（%）、金融机构向私人部门提供的贷款总额占 GDP 的比重（PCR）（%）、股票市场交易额占 GDP 的比重（STV）（%）和股票交易中的国内股票周转率（STTR）（%）表示。

（2）金融支持上游度：用于刻画金融支持的具体生产环节，其既能反映金融支持环节与最终产品的距离，也能反映一国金融产业对制造业支持的环节偏好。

（三）变量描述

为了更加直观地观测金融支持上游度对国家制造业出口规模的影响变量，本书对变

量进行简单的统计型描述，见表 7.1。

表 7.1　变量统计型描述

变　量	平均值	中间值	最小值	最大值
国家制造业出口规模（SCALE）	0.0269	0.0159	0.0028	0.1452
金融机构提供的信贷总额占 GDP 的比重（BRC）（%）	130.777	125.081	21.530	357.318
金融机构向私人部门提供的贷款总额占 GDP 的比重（PCR）（%）	83.915	68.226	16.535	233.395
股票市场交易额占 GDP 的比重（STV）（%）	56.018	0.2089	36.800	355.400
股票交易中的国内股票周转率（STTR）（%）	88.498	64.952	0.049	480.287
金融支持上游度（FSU）	2.139	2.137	1.346	3.270

由表 7.1 可看出，出口规模平均值为 0.0269，最大值达到了 0.1452，说明各个国家和地区的出口规模波动范围较大。从表 7.1 观察金融发展指标可知，各国（或地区）金融发展水平波动范围较大，以 STRR 为例，最小值为 0.049，而最大值达到了 480.287。

表 7.2　相关系数检验

变量名称	scale	brc	pcr	stv	strr	fsu
scale	1.0000					
brc	0.4189	1.0000				
pcr	0.2919	0.7256	1.0000			
stv	0.5946	0.4950	0.2827	1.0000		
strr	0.4934	0.4088	0.2491	0.7228	1.0000	
fsu	0.4954	0.2833	0.2850	0.4137	0.5246	1.0000

根据 Stata 14.0 软件相关系数检验结果，所选解释变量值均小于 1，通过相关系数检验如表 7.2 所示。其中 X3（股票市场交易额占 GDP 的比重）和 X5（股票交易中的国内股票周转率）相关系数较高，所以该模型不存在多重共线性。

（四）回归分析

根据随机扰动项的设定，面板数据的回归方法可以分为混合效应回归、固定效应回归和随机效应回归三大类。通过 Stata 14.0 软件对数据进行 F 检验和 Hausman 检验，决定采取固定效应进行模型的变量回归，回归结果见表 7.3。

表 7.3　回归模型

lnscale	Coef.	Std. Err.	z	p>|t|	（95% Conf.	Interval）
lnbrc	−0.087638	0.0871419	−1.01	0.317	−0.2607347	0.0854586
lnpcr	0.3407727	0.1052209	3.24	0.002	0.1317643	0.549781
lnstv	0.052234	0.0247362	2.11	0.037	0.0030986	0.1013693
lnstrr	0.0107138	0.0145804	0.73	0.464	−0.0182483	0.0396759
lnfsu	0.329809	0.2248609	1.47	0.146	−0.1168496	0.7764676
_ons	−5.616759	0.3541803	−15.86	0.000	−6.320295	−4.913224

由表 7.3 可知，X3（股票市场交易额）、X5（金融支持上游度）P 值均大于 0.5，说明相关核心变量对制造业出口的影响不够显著。股票市场交易额与参与股票投资人员的专业性有关，投资股票可能只有主持的人员的专业性较高，所以股票投资不能直接影响一个国家制造业的出口规模。因为缺乏金融支持上游度领域的动态分析，所以金融支持上游度 P 值不够理想。而 X1（金融机构提供的信贷总额）、X2（金融机构向私人部门提供的贷款总额）和 X4（股票交易中的国内股票周转率）经检验确实对国家制造业出口有显著性的正向影响。

二、金融支持上游度与制造业出口的集约边际

（一）模型设定

$$LNNO_{it} = \beta_0 + \beta_1 LNBRC_{it} + \beta_2 LNPRC_{it} + \beta_3 LNSTV_{it} + \beta_4 LNSTRR_{it} + \beta_5 LNFSU_{it} + \varepsilon_{it}$$
$$(7.2)$$

NO_{it} 为 i 国第 t 年的上市制造业企业数量，β_0 为截距，BRC_{it} 为 i 国第 t 年金融机构提供的信贷总额占 GDP 的比重，PCR_{it} 为 i 国第 t 年金融机构向私人部门提供的贷款总额占 GDP 的比重，STV_{it} 为 i 国第 t 年股票市场交易额占 GDP 的比重，$STTR_{it}$ 为 i 国第 t 年股票交易中的国内股票周转率，FSU_{it} 为 i 国第 t 年的金融支持上游度。

（二）指标说明

本节主要探讨的是金融支持上游度对国家制造业企业数量的影响，因此选取金融支持上游度为解释变量，国家上市制造业企业数量为被解释变量。为了进一步提高检验的科学性，采取各国其他属性的变量作为可控变量。数据均来源于 WIOD、World Bank。因为数据的缺失，本书只测量了 1997—2011 年 34 个国家（或地区）的金融支持上游度。

（1）金融支持指标：用金融机构提供的信贷总额占 GDP 的比重（BRC）（%）、金融机构向私人部门提供的贷款总额占 GDP 的比重（PCR）（%）、股票市场交易额占 GDP 的比重（STV）（%）和股票交易中的国内股票周转率（STTR）（%）表示。

（2）金融支持上游度：用于刻画金融支持的具体生产环节，其既能反映金融支持环节与最终产品的距离，也能反映一国金融产业对制造业支持的环节偏好。

（三）变量描述

为了更加直观地观测金融支持上游度对国家制造业企业数量的影响变量，本书对变量进行简单的统计型描述，见表 7.4。

表 7.4　变量统计型描述

变　　量	平均值	中间值	最小值	最大值
国家制造业上市制造业企业（NO.）	1100.84	352	38	5835
金融机构提供的信贷总额占 GDP 的比重（BRC）（%）	130.777	125.081	21.530	357.318
金融机构向私人部门提供的贷款总额占 GDP 的比重（PCR）（%）	83.915	68.226	16.535	233.395
股票市场交易额占 GDP 的比重（STV）（%）	56.018	0.2089	36.800	355.400
股票交易中的国内股票周转率（STTR）（%）	88.498	64.952	0.049	480.287
金融支持上游度（FSU）	2.139	2.137	1.346	3.270

由表 7.4 可看出，国家制造业上市制造业企业数量最小值为 38，最大值达到了 5835，说明各个国家和地区上市制造业企业数量相差很大。从表 7.4 观察金融发展指标可知，各国（或地区）金融发展水平波动范围较大，以 STRR 为例，最小值为 0.049，而最大值达到了 480.287。

表 7.5　相关系数检验

变量名称	no	brc	pcr	stv	strr	fsu
no	1.0000					
brc	0.3634	1.0000				
pcr	0.1401	0.7256	1.0000			
stv	0.6966	0.4950	0.2827	1.0000		
strr	0.4243	0.4088	0.2491	0.7228	1.0000	
fsu	0.3763	0.2833	0.2850	0.4137	0.5246	1.0000

如表 7.5 所示根据 Stata 相关系数检验结果，所选解释变量值均小于 1，通过相关系

数检验。其中 X2（金融机构向私人部门提供的贷款总额占 GDP 的比重）和 X3（股票市场交易额占 GDP 的比重）相关系数较高，该模型不存在多重共线性。

（四）模型设定

根据随机扰动项的设定，面板数据的回归方法可以分为混合效应回归、固定效应回归和随机效应回归三大类。通过 Stata 14.0 软件对数据进行 F 检验和 Hausman 检验，决定采取固定效应进行模型的变量回归，回归结果见表 7.6。

表 7.6　回归模型

lnno	Coef.	Std. Err.	z	p>|t|	（95% Conf.	Interva）
lnbrc	−0.0260023	0.1275917	−0.20	0.839	−0.2794583	0.2274537
lnpcr	0.4955646	0.1540692	3.22	0.002	0.189525	0.8016041
lnstv	0.0899653	0.0362198	2.48	0.015	0.018019	0.1619116
lnstrr	−0.0680113	0.0213493	−3.19	0.002	−0.1104189	−0.0256036
lnfsu	−0.0173655	0.3292516	−0.05	0.958	−0.6713834	0.6366525
_cons	4.013128	0.5186069	7.74	0.000	2.982979	5.043277

由表 7.6 可知，XI（金融机构提供的信贷总额占 GDP 的比重）、X2（金融机构向私人部门提供的贷款总额占 GDP 的比重）、X3（股票市场交易额占 GDP 的比重）和 X4（股票交易中的国内股票周转率）均对于国家制造业上市制造业企业有显著性影响；但因为缺乏金融支持上游度领域的动态分析，所以金融支持上游度 P 值不够理想。总体来说，经检验金融支持上游度确实对制造业企业的数量有正向的影响。

第二节　金融支持上游度对制造业出口质量提升影响的实证分析

一、计量模型的构建

$$\ln EXTEC_{it} = \beta_0 + \beta_1 \ln JR_{it} + \beta_2 \ln BRC_{it} + \beta_3 \ln PCR_{it} + \beta_4 \ln STV_{it} + \\ \beta_5 \ln STTR_{it} + \beta_6 \ln FDI_{it} + \beta_7 \ln RD_{it} + \ln EXTEC_{it-1} + \varepsilon \quad (7.3)$$

$EXTEC_{it}$ 为 i 国第 t 年的出口技术复杂度，β_0 为截距，JR_{it} 为 i 国第 t 年的金融支持上游度，BRC_{it} 为 i 国第 t 年金融机构所提供的信贷总额占 GDP 的比重，PCR_{it} 为 i 国第 t 年金融机构向私人部门提供的贷款总额占 GDP 的比重，STV_{it} 为 i 国第 t 年股票市场交易额占 GDP 的比重，$STTR_{it}$ 为 i 国第 t 年股票交易中的国内股票周转率，FDI_{it} 为 i 国第

t 年外商直接投资净流量占 GDP 的比重，RD_{it} 为 i 国第 t 年研发支出占 GDP 的比重。

二、变量选取及统计性描述

（一）数据来源

本书的主要目的是探究金融支持哪些生产环节对制造业产品出口质量提升最有利，为此，被解释变量为 50 个国家制造业出口质量即出口技术复杂度，而解释变量则为金融支持上游度（JR）。为了提高估计结果的可靠性，本书进一步增加了可反映各国属性作为控制变量的变量。本书数据均来源于 WIOD、UN Comtrade Data、World Bank。考虑到数据的可得性，金融支持上游的测算样本容量最终确定为 34 个国家（或地区），样本期间为 1997－2011 年。后续实证出现的作为金融支持基于出口技术复杂度影响制造业出口质量提升的解释变量的相关数据，均可通过 World Bank 来查找。

（二）变量描述

各解释变量的含义及其具体定义如下：

（1）金融支持上游度：金融支持环节与最终产品之间的距离，也可以反映一个国家金融业对制造业支持的环节偏好。

（2）金融支持指标：用金融机构提供的信贷总额占 GDP 的比重（BRC）（%）[1]、金融机构向私人部门提供的贷款总额占 GDP 的比重（PCR）（%）、股票市场交易额占 GDP 的比重（STV）（%）和股票交易中的国内股票周转率（STTR）（%）表示。BRC 主要用来衡量金融机构信贷规模，PCR 主要衡量金融机构的信贷效率，两组数据均可以代表一国银行信贷市场的发展水平，在一定程度上反映制造业企业通过间接融资渠道获取外源融资的规模和难易程度。STV 和 STTR，则用来衡量股票市场的流动性，表明股票市场的发展水平，反映制造业企业通过直接融资渠道获取外源融资的规模和难易水平。

（3）外商直接投资指标：用外商直接投资净流量占 GDP 的比重（FDI）（%）表示。投资跨国公司是 FDI 的主要形式，按照状态可分为流量和存量，按照方向可分为进入和流出，又称为制造业企业的无形资产或制造业企业资源，受供给、需求、政治等因素的影响，是国际资本流动的一种重要形式，直接作用于东道国出口部门，对资本和技术密集型的出口型制造业产业提供融资支持，从而提升东道国的出口技术复杂度。

（4）研发投入指标：用研发支出占 GDP 的比重（RD）（%）表示。指的是用于研究和试验发展活动的经费占 GDP 的比重，主要包括基础研究、应用研究、试验发展三类活动。RD 越高，表明该国的科技生产水平越高，制造业整体的质量水平越高。RD 还可以

---

[1] 即财政收入增长的边际倾向与财政收入增长的弹性系数比。比重越高，证明该地区经济运行质量越好，经济结构越优。

促进一国技术创新和科技研究的进步，从而提高出口技术复杂度。

（三）变量的统计型描述

为了更加直观地观测金融支持上游度对制造业出口质量提升的影响量，本书对变量进行简单的统计型描述，见表 7.7。

表 7.7　变量统计型描述

变　　量	平均值	标准误	最小值	最大值
国家制造业出口技术复杂度（EXTEC）	6895.5212	3.5603	1736.9242	15090.9500
金融支持上游度（JR）	2.054	0.048	1.554	3.068
金融机构提供的信贷总额占 GDP 的比重（BRC）（%）	79.8022	0.0947	2.2590	233.3959
金融机构向私人部门提供的贷款总额占 GDP 的比重（PCR）（%）	112.7790	0.1448	-16.3782	357.3186
股票市场交易额占 GDP 的比重（STV）（%）	64.3517	0.2089	0.0000	952.7000
股票交易中的国内股票周转率（STTR）（%）	70.1761	0.1329	0.0304	480.2873
外商直接投资净流量占 GDP 的比重（FDI）（%）	5.1803	-16.0707	87.4426	0.0193
研发支出占 GDP 的比重（RD）（%）	1.5010	0.0022	0.0275	5.5200

数据来源：根据 UN Comtrade Data、World Bank 资料整理获得。

由表 7.7 可看出，各国（或地区）的出口技术复杂度差异显著，最小值为 1736.9242，最大值达到了 15090.9500。从表 7.7 观察到的各国的金融发展指标可知，各国（或地区）金融发展水平波动范围整体较大，以 PCR 为例，平均值为 112.7790，最大值达到了 357.3186。

三、实证分析的过程

（一）单位根检验

为了避免出现伪回归现象，首先进行平稳性检验（见表 7.8）。

表 7.8　面板数据单位根检验

检验方法	LLC	IPS	ADF	PP
LNEXTEC	−11.6812***	−5.0572***	126.8802***	128.1539***
LNJR	2.65792***	−1.666639***	88.3197***	119.841***
LNBRC	−6.2799***	0.1383	70.6394	99.3546***
LNPCR	−4.4750***	0.8381	81.5693**	109.4200***
LNSTV	−3.9968***	−0.2767	61.9528	67.1454
LNSTTR	−7.0446***	−2.2532**	87.4519**	94.4748***
LNFDI	−2.2031***	1.1912	75.8759	121.3967
LNRD	−1.1885	1.6954	49.0522	73.7604
DLNEXTEC	−22.8452***	−10.4909***	238.3249***	364.7093***
DLNBRC	−11.8787***	−5.8406***	151.2698***	201.2434***
DLNPCR	−12.4159***	−5.7627***	149.2636***	175.7848***
DLNSTV	−22.9544***	−10.7911***	238.6622***	274.3033***
DLNSTTR	−19.0572***	−8.9966***	208.0226***	317.3696***
DLNFDI	−1683.222***	−209.4056***	114.7214***	149.4292***
DLNRD	−10.7521***	−5.6011***	147.7884***	184.9185***

注：***、**、*分别表示 P<0.001，P<0.01，P<0.5，D 为一阶差分。

根据表 7.8 可知，原值序列 LNJR 在 IPS 和 ADF 检验形式下接受原假设，即存在单位根；LNBRC 在 IPS 和 ADF 检验形式下接受原假设，即存在单位根；LNPCR 在 IPS 检验形式下接受原假设，即存在单位根；除 LLC 检验外，LNSTV、LNFDI 均接受原假设，即存在单位根；在四种检验形式下，LNRD 均接受原假设，即存在单位根。因此可看出，原值序列为非平稳序列。在四种检验形式下，一阶差分序列均通过了 1%的显著水平检验，表明一阶差分序列是平稳单整的序列。

（二）计量回归

应用 Stata 14.0 软件对有关数据进行回归，结果如表 7.9 所示。

表 7.9　回归结果

Dependent Variable：LNEXTEC	Sample:2006-2017
C	6.8248***（12.5346）
LNJR	0.27***（3.1100）

续表

LNBRC	0.5780*** （7.3454）
LNPCR	0.3394** （2.5243）
LNSTV	0.3538** （2.4364）
LNSTTR	0.2724* （1.9822）
LNFDI	0.2454* （2.6300）
LNRD	0.1685** （2.1025）
R-squared	0.3793
Adjusted R-squared	0.3636
F-statistic	26.9567
Prob （F-statistic）	0.0000
Hausman test	18.8836***

注：***、**、*分别表示 P<0.001，P<0.01，P<0.5。

如表 7.9 所示，F 检验的相对 P 值为 0.0000，建立混合模型的原始假设被拒绝，Hausman 检验结果显示，在 1%的显著性水平下拒绝随机效应（Re）假设，故应设定为固定效应面板数据模型。从模型的回归结果可以看出，LNJR、LNBRC、LNPCR、LNSTV、LNSTTR、LNFDI 和 LNRD 的估计系数分别 0.2780、0.5780、0.3394、0.3538、0.2724、0.2454 和 0.1685，这六个解释变量都在 10%的水平上通过了显著性检验。

四、实证分析结果

表 7.9 列出了基于模型（7-3）1997—2011 年 34 个国家（或地区）的制造业以出口技术复杂度量的出口质量对解释变量的回归结果。结果显示：金融支持上游度（JR）、金融机构提供的信贷总额占 GDP 的比重（BRC）（%）、金融机构向私人部门提供的贷款总额占 GDP 的比重（PCR）（%）、股票市场交易额占 GDP 的比重（STV）（%）和股票交易中的国内股票周转率（STTR）（%）都在 10%的水平上显著为正，财政支持确实在提升出口技术复杂度方面发挥重要作用。以衡量金融机构信贷规模的指标为例，金融机构提供的信贷总额占 GDP 的比重每提高 1 个百分点，出口技术复杂度就提升 0.5780 个百分点。这说明金融支持对制造业出口质量提升具有促进作用。外商直接投资净流量占 GDP 的比重（FDI）（%）在 10%的显著性水平下显著，即外商直接投资净流量占 GDP 的比重有助于提高出口技术复杂度。研发支出占 GDP 的比重（RD）（%）的回归系数为正，且在 5%的显著性水平下显著，说明研发投资和高新技术投入支持越大，一国的出口技术复杂度越高，即为显著性的促进作用。综上所述，金融支持不同的制造业环节对制造业出口质量的提升具有显著的促进作用，从而达到金融支持效益的最大化。

第八章　相关对策建议

第一节 在制造业企业的金融支持宏观层面

一、持续加大对制造业企业的贷款支持力度

要想发挥金融支持对制造业出口绩效的作用，最直接的方式就是关注对制造业企业的贷款支持力度。为了更好地促使中国的商业银行对制造业企业贴现业务的进一步发展，中央银行可以重点考虑把中心点放在再贴现上。与此同时，尽可能地鼓励那些有足够资本的金融机构组织银团贷款，弥补在制造业企业升级优化的过程中面临的资金缺口，其中最重要的是满足那些重大项目的资金需求，如大型装备制造业企业兼并重组等。这样不但能够进一步提高金融机构的风险识别能力，分散风险，还能够实现业务互补，进而满足各类企业对于信贷的不同需求。

二、重点发挥中小企业融资担保服务机构的作用

中小企业作为制造业发展不可或缺的组成部分，具有"轻资产"特点，且抵押物不足，信用认可度较低，对外筹资能力明显较弱。因此，应发挥中小企业融资担保服务机构的作用。首先，成立中小企业贷款担保工作联席会议制度，协调完善支持政策和扶持措施。积极组织、支持和引导企业成立专门的企业信用担保联盟，并且全面详细发展、扩大联保互保范围。其次，应尽可能地提高对于融资担保服务机构设立的审批效率，继续加大政策性担保资金投入力度，完善绩效评估考核机制。再次，积极研究并且建立可靠的再担保机构，积极开展专门为中小企业贷款服务的保证保险、信用保险业务。最后，对于担保服务的模式，应积极探索并且实施创新，积极探索建立网络联保贷款机制，扩大改善贷款担保信用服务环境，深化中小企业信用增级服务工作。

三、通过多种形式的供应链金融，拓宽融资渠道

首先，对于中小企业供应链金融服务应该注重实效性。随着社会的不断变革和中小企业的迅猛发展，企业的需求可谓千变万化，所以我们应该根据时势的不同对待中小企业的金融服务。由于中小企业的不同供应链金融服务有着不同的特点，金融机构应对其特点的掌握做到精准正确，通过金融创新，实现金融服务从产品到流程的流畅无缝衔接，进而为中小企业信贷业务注入无限活力。其次，应该注重针对性。根据目前企业的症结，如企业缺乏有效的抵押或担保、信贷服务滞后和单一的融资渠道等，金融机构应在准确核算及研究的前提下将抵押物的范围扩大，应该积极主动地加深与担保机构的合作，在不断探索的过程中努力推出新的信贷业务，支持企业发行中期票据，拓宽直接融资渠道。最后，应该注重优质性。金融机构应在重视共性的基础上，关注个性的发展，走差异化服务道路，为中小企业提供贴心的"保姆式"金融服务。

第二节　在通过科技金融拓宽金融支持渠道的业务扩展层面

根据目前我国对投贷联动业务的试点政策和实际操作情况，借鉴国内部分非试点银行和非试点园区的实际操作情况，对投贷联动业务的实施模式从试点银行和非试点银行角度分别提出相关的实践模式建议，并从政府、银行、企业角度分别提出如何真正有效地落实投贷联动业务，发挥该业务对解决科创类制造业企业融资难问题的有益效应。具体建议如下：

一、推行试点银行和重点园区的"内部投贷联动"业务模式

按照《关于支持银行业金融机构加大创新力度开展科创类制造业企业投贷联动试点的指导意见》的狭义界定，"投贷联动"是指银行业金融机构以"信贷投放"与本集团设立的具有投资功能的子公司"股权投资"相结合的方式；通过相关制度安排，由投资收益抵补信贷风险，实现中小企业信贷风险和收益的匹配，为中小企业提供持续资金支持的融资模式，银行业称其为"内部投贷联动"业务。目前，只能由10家试点银行在5个试点园区内实施，采用"银行+境内子公司"的模式。

具体做法（见图8.1）：试点银行出资在境内设立具有股权投资资质的子公司，由子公司单独或通过战略协议联合风投公司（私募基金公司）共同对科创类制造业企业进行股权投资；试点银行则跟进对科创类制造业企业提供贷款，完成债权融资。

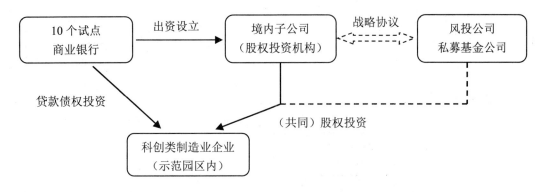

图 8.1　试点银行和园区采用的"银行+境内子公司"业务模式

二、非试点银行和重点园区的"外部投贷联动"业务模式

广义的"投贷联动",银行业称其为"外部投贷联动"业务,是泛指商业银行以"股权+债权"组合方式对科创类制造业企业提供资金融通的业务。但由于我国《商业银行法》规定商业银行在境内不能进行股权类投资,因此我国大型商业银行多数已通过参股控制子公司模式,在境外设立了股权类投资机构。国内各大商业银行通常都是实施广义的"外部投贷联动",采用的是"银行+境外子公司"模式、"银行+风投/私募基金"模式。

（一）"银行+境外子公司"模式

"银行+境外子公司"模式的实质是大型商业银行利用境外子公司绕开我国《商业银行法》中商业银行在境内不能进行股权类投资的规定。

具体做法（见图 8.2）：非试点大型商业银行在境外设立股权投资机构后,单独或通过战略协议联合风投公司（私募基金公司）共同向国内母银行推荐优质的科创类制造业企业开展股权投资,国内母银行则根据科创类制造业企业不同发展阶段配合提供相应贷款和其他服务产品支持。这种模式既可提升银行综合化金融服务水平,同时也可使科创类制造业企业获得资金融通的服务。

在这种模式下,优点是由于境外子公司属于银行集团内部机构,相对而言决策链条短、沟通成本低,集团化综合经营优势明显；缺点是银行境外子公司在股权投资的科创类制造业企业类型方面,会受到我国对海外资本投资行业的范围限制约束。

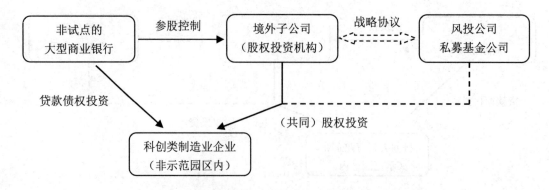

图 8.2 非试点银行和园区采用的"银行+境外子公司"业务模式

（二）"银行+风投/私募基金"模式

"银行+风投/私募基金"模式一般是没有境外子公司的商业银行采用，是目前国内商业银行探索投贷联动的主流模式，也是商业银行会选择的主要投贷联动方式之一。

具体做法（见图 8.3）：商业银行通过战略合作协议与风投公司或私募基金公司合作，共同对一个科创类制造业企业融资；商业银行提供股权选择权贷款与金融服务，风投公司或私募基金公司提供股权投资；当贷款到期时，商业银行可以将贷款作价转成股权并由风投或私募基金公司代持，享受后期一系列的股权收益，也可以不转成股权正常还贷。

通过这样的方式，银行一方面规避了监管的限制但又同时分享了企业的股权回报，另一方面通过与创投机构合作一定程度上起到了风险缓释的作用，相比于银行，创投机构在对于创业阶段企业的筛选上具有更强的专业能力，从而保证获得融资企业的质量。

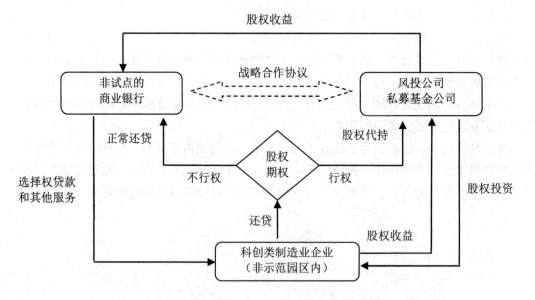

图 8.3 非试点银行和园区采用的"银行+风投/私募基金"业务模式

三、政府层面：积极培育"投贷联动"业务生态圈

（一）引导和建立"投贷联动"金融综合服务资源体系

各级政府应积极引导市场资源围绕"投贷联动"业务建立综合服务资源体系，着力形成地方政府、监管机构、科创类制造业企业、创投机构、银行机构和科技金融中介共同组成的投贷联动协同发展框架。主导性发挥政府核心政策指导与配套设施完善作用，为"投贷联动"业务开展提供基础条件。例如，主动走出去引进先进省市的金融综合服务资源，建立省内各产业园区、创业孵化器、工商系统、税务机关、行业协会等部门的综合联系渠道和协调机制，通过上下游业务链资源合作共享等具体举措，逐步建立起省内的"投贷联动"金融综合服务，为科创类制造业企业提供便利条件。

（二）立足各种政府引导基金，实施产业基金+投贷联动

"投贷联动"业务发展仅仅依靠商业银行是不行的，离不开对市场或对行业更有敏锐分析及甄别能力的风投公司或私募基金公司，也离不开丰富的民间社会资本。各级政府可以先由政府建立的产业投资基金做引导，吸引风投或私募等投资机构募集社会资金加入，共同向科创类制造业企业进行股权投资，加快实现"投贷联动"业务落地。

四、商业银行层面：积极提供"投贷联动"业务服务

（一）更新投资经管理念，开展适宜"投贷联动"业务的金融创新

商业银行要创新金融产品的种类，大力开发金融产品，推出适应科创类制造业企业"轻资产、高风险、高成长性"特征的信贷产品，完善投贷联动业务产品的评价标准、考核机制、风险防控机制等系列业务体系。

（二）推动银行内部机构改革，积极完善投贷联动的风险防控保障机制

银行内部推行适应投贷联动业务的组织机构改革创新，需要制定完善的内控制度和风控措施；在科技创新融资业务部门与传统投融资部门之间建立"风险防火墙"，执行独立业务审批、独立财务核算；母银行和下属子公司必须坚持各自的业务边界和风险底线，保证在资金、人事、经营、风险等方面的有效隔离，坚决杜绝不正当的关联交易和利益输送，防止银行主体发生风险感染。

（三）实行人才战略，引进和培养高层次金融投资和管理人才

"投贷联动"业务的开展需要既掌握银行贷款业务又具备相关科技投资领域知识的

复合型专业人才，现有银行人才储备难以满足银行投资功能子公司开展股权投资业务的需要，同时商业银行传统的薪酬体系也不能有效地激励和保留股权投资类人才。商业银行要加强投贷联动业务的骨干人才培养工作，构建一支熟悉科技创新规律、精通债权投资和股权投资业务、具备综合风险防控能力的复合型专业团队；通过"引进+培养"等多渠道、多元化合作推动人才招聘和智力引进；建立市场化动态薪酬调整体系，探索以市场化、多元化以及长短期聘用相结合的模式，建立高激励、高责任的人才聘任和管理机制。

五、科创类制造业企业层面：规范推行现代企业股权管理制度

（一）积极转变融资理念，敢于尝试"投贷联动"解决资金问题

科创类制造业企业要跳出抵押贷款等传统融资理念的束缚，客观评析股权融资对削弱企业控制权和提高企业管理水平的综合作用，充分领会债权投资者、股权投资者的利益诉求，主动扩大融资来源和途径，切实发挥商业银行、风投或私募等投资机构在纾解科技创新融资难题的积极作用。

（二）制定科学周全的公司融资财务规划

科创类制造业企业要充分认识到投贷联动是一个连续性、复杂性的融资管理过程。一次投资入股可能有着多次的贷款发放跟进，在运作中也可能发生投资入股与贷款跟进的交叉运作，或者除投贷联动外，还借助金融租赁、担保等其他金融业务。企业要有一个符合各项金融监管要求且符合市场运作机理的财务规划，对各种金融机制运用的条件、时点、规模、风险、效应和协同等进行周全的分析安排，形成一套具有较强操作性的财务方案，使得各种融资机制能够在运作过程中协调运用。

（三）完善企业现代管理制度，培育吸引股权投资环境

股权收益是投贷联动中投资方的重要利润转化点，企业现代化规范管理是企业吸引股权投资、便于投资者投资和参与管理决策的必要基础条件。科创类制造业企业建立企业法人治理结构，必须真正落实股权管理机制，企业内部决策层、监督层、经营层要责权利统一，财务制度要规范运行。这些既是实施股权管理工作的重要基础，也是股权管理所要达到的最终目标。

六、实施"1+2+3+N"区域金融工作模式

在促进制造产业、创新、科技和金融结合，发展完善科技金融工作方面，建议采用"1+2+3+N"模式，落实具体措施，建立起共赢、高效的科技金融工作架构和工作体系。

"1"是指政府层面。省委、省政府部署决策，省金融办统筹督导，抓好顶层设计，并会同有关部门和"一行三局"①出政策、建体系、搭平台、通信息、搞协作。

"2"是指省级科技金融信息平台和各省股权交易中心交易平台。建设省级科技金融信息平台，负责宣传科技金融政策、发布各类科技金融信息、公布企业和金融机构资信信息等；切实发挥各省股权交易中心的股权交易市场平台作用，通过股权交易中心完成融资企业和投资机构（者）之间的股权交易等资本运营，保证股权交易的便利性和可靠性。

"3"是指债权融资、股权融资、投贷联动三种融资模式。债权融资、股权融资、投贷联动三种不同的融资模式对企业科技创新有不同的适用条件和效果，在企业、金融机构、投资者能够实现信息透明共享、交易便利可靠的前提下，三种模式并举，由政府基金引导、市场资金供求关系决定，逐步实现科技金融市场的正常化运作。

"N"是指众多的科技金融专营机构。各省完善科技金融的生态圈，就必须引入理念先进、业务成熟、高度信息化、市场化的商业银行、创投机构、担保公司和保险公司，以及证券、律师事务所、会计师事务所等各类机构，都围绕服务科技企业融资业务，提供配套的资金和服务支持。

（一）加强省金融办在科技金融创新和改革方面的组织协调作用

以各省金融办为主导，加强各部门间的合作交流，充分发挥其金融改革创新工作的领导、组织和协调作用。加强与地方科技主管部门、税务部门、金融部门和发改委等单位之间的协调沟通，共同探讨、研究和解决科技金融工作中的重大问题；大力加强政府部门与银行、证券、保险、风险投资机构和中介组织之间的通力合作，打破各自为战的局面；适时、依需地组织银企对接会、金融产品推介会等活动，并将这些活动常态化、定期化，为金融机构和科创类制造业企业搭建直接面对面交流的平台，降低信息交换成本。

（二）建立健全省级科技投融资信息服务平台

为便于企业和金融机构的对接，应该从省级层面建设一个功能完备的科技投融资信息服务平台，设立专门的平台维护人员和机构，确保政府、企业、金融机构等只要访问同一个网站就能够实现全省范围内统一的科技投融资信息交互，并且把平台功能多样化、集成化，方便统一监管、统一扶持、统一处理相关事宜，要比现在的各地级市各自为政大幅度提高效率。

1. 平台的政策和资金供求信息库功能。省级科技投融资信息服务平台建立后，通过统一平台定期发布省内科创类制造业企业的融资需求信息，及时更新商业银行、风投等金融机构的科技金融产品和服务信息，发布科技金融的相关政策信息，降低科创类制造

---

① 一行三局是指人民银行各地分行、银监局、证监局、保监局。

业企业和金融机构的信息搜索成本，尽可能地削弱信息非对称的不利影响。

2. 平台的企业科技成果、科技项目库功能。依托中小企业服务中心平台、中小企业融资服务中心平台、人民银行和发改委信用体系，统筹科技、工商、人力资源社会保障等职能部门和各类金融机构、中介机构，重点建设科技成果转化项目库、科技型中小企业数据库和科技金融资源库等科技金融基础信息库，强化科技金融信息共享，促进科技成果、科技型企业与金融资源对接，为企业获得债权、股权、信托、租赁融资提供基础数据。

3. 平台的企业和金融机构的信用信息交互功能。有关部门还应定期将合作双方的信用记录提供给金融机构和科创类制造业企业的信用信息采集部门，并对通过信息平台达成合作的科技金融项目进行定期跟踪，在平台及时发布对接项目的进展情况、科创类制造业企业融资的资金到位情况、科创类制造业企业运营所取得的阶段性成果等，对双方围绕项目所产生的经营信息及时披露，即实现对金融机构和科创类制造业企业的双向监督，也为省内其他具有融资需求的科创类制造业企业融资提供良好借鉴。

（三）大力推动科创类制造业企业股权在省股权交易市场挂牌交易

如今，有多层级的资本市场可供选择和利用，在既有政策的扶持和帮助下，充分发挥省股权交易中心功能，鼓励、支持科技型非上市企业进场挂牌，对拟上市科技公司优先在股权交易市场先行培育和规范，帮助企业解决挂牌中遇到的各项难题，推行系列有效措施，推动科创类制造业企业上市。

（1）培养样本企业做科技股权融资示范。人们受传统思想影响较大，股权融资工作的开展初期会比较艰难，政府和行业协会可先行选取 3—5 家科创类制造业企业重点打造和扶持，发挥示范效应，让科创类制造业企业切实看到股权融资的好处，熟悉上市的具体操作规程。样本公司的选择要求谨慎和公正公平，摒弃拉关系的不良作风。

（2）合理设置门槛条件，确保挂牌上市企业真正落实股权管理机制。股权融资的关键前提是建立企业法人治理结构，实行股权管理。政府和行业协会可以通过减税或者免费服务等优惠条件，向样本企业驻派专业投资人，指导样本企业实现股份制改造、尽职调查、股权挂牌、融资交易等科技股权融资全流程，并打造和建立科技型企业的上市后备资源库，加快对后备资源库中的企业倾斜扶持，进行上市指导，推动更多的优质企业进入资本市场。

（四）完善科技企业信用体系

（1）完善科技企业信用信息数据库。加强与人民银行、发改委、财政局、中小企业协会、环保、工商、税务和相关金融机构等部门的通力协作，实行多部门分工协作的交互信息采集与更新上传机制，定期采集与实时更新科技创新企业的注册登记、人才技术、纳税缴费、劳动用工、债权债务等方面的信息，不断完善科技创新企业的信用档案。以现有的信息平台网为基础，逐步完善科技创新企业的相关信息，同时，搭建科技创新企业信用信息共享子平台，多平台间实现共享、交叉和切换，真正实现科技创新企业信用信息的共享和查询功能。

（2）完善科技创新企业的信用评级制度。构建科学的评价指标体系，对企业信用进行科学的评价，并定期向社会公布评价结果。指标体系的设计除相对固定的模块外，增加机动模块，机动模块的指标应适时新增或删除特定评价指标，以此来保证评价指标体系的相对稳定和与时俱进。政府有关部门以信用评级报告为依据，向不同信用等级的科技企业提供差异化的扶持政策和优惠政策，并引导金融机构在科技金融服务中广泛应用其评级结果。

（3）增强科技创新企业的信用意识。利用互联网、广播、电视、手机应用等媒体渠道，开展对科技创新企业的诚信教育，对"守合同重信用"科技创新企业进行年度表彰，对信用不良的科技创新企业进行信息披露，构建守信机制，引导科技创新企业自觉守信、守法。

（五）加大科技金融专营机构培育和引进

支持依托省内现有的金融市场资源，依托传统金融产业，积极打造科技保险公司、科技银行、科技融资租赁公司和科技小额贷款公司等多种形式的科技金融专营机构，主要服务对象即为具有较强创新能力的科技型中小企业，重点经营科技金融服务、互联网金融服务和企业供应链金融服务，提高科技金融服务的水平和效率。

（六）量身定制科技保险产品，分担科创类制造业企业经营风险

国家已相继批复设立二批科技保险试点城市，但近年来，一些地区的科技保险发展却相对其他试点城市发展明显滞后。全省各市保险业应加强对地方经济社会发展的研究，积极探索促进保险业与当地优势科技产业、融合发展的科学路径，对地方保险机构的建议如下：

（1）积极出台相关的专利权质押贷款管理办法，通过顶层设计，构建"政府+银行+保险"的三位一体风险共担机制，形成产、融、保相融合的新型经营模式，为科创类制造业企业向银行申请专利权质押贷款提供商业保险支持，以有效缓解科创类制造业企业高风险特性与传统银行业以资金安全性为第一要务的特性之间的巨大矛盾。

（2）加大对科技保险的宣传力度。保险公司应联合科技主管部门，与地方政府和行业协会合作，通过交流会、宣传册、网站等多种渠道宣传科技保险，让更多的科技创新企业了解科技保险内涵，为科技保险的发展营造良好的商业和市场环境。

（3）通过借鉴各地的经验和做法，加大对科技保险研发投入的力度，不断丰富科技保险的险别险种，适时地通过推出研发责任保险、关键研发设备保险、营业中断保险、产品质量保证保险、雇主责任保险、环境污染责任保险、专利保险、小额贷款保证保险、项目投资损失保险，以及出口信用保险等系列科技保险险种，为科创类制造业企业以及高新技术企业提供风险保障。

（4）通过借鉴太平科技保险的成熟做法，在已设立的国家创新战略的新兴产业，聚焦相关创新企业的产品和产业链，为省内科创类制造业企业量身订制和打造专属的科技保险，例如通过提供定制的财产险、责任险、新产品研发险等风险保障，助力科创类制造业企业发展。

（5）加大对科技保险高级专业人才的培养和引进力度。借助高校资源，通过加强与高校的合作，采取订单式或联合培养的方式，培养科技保险的专门人才。同时，积极引进具备研发流程管理经验、熟悉管理技术、通晓保险业务的高端复合型人才，不断充实和完善科技保险人才队伍。

（6）借助高校和科研机构现有资源，通过课题立项的方式开发设计和创新科技保险产品。

（七）开拓创业风险投资资本来源

（1）确保各级政府设立的各类产业引导基金能够循环持续发挥引导作用，以接引和带动社会专业资本投入。以政府引导基金为基础，吸引更多的民间资本、金融机构和其他投资主体参与到对处于种子期和初创期科技型企业的投资中。

（2）积极教育和引导地方居民利用股权投资实现多元化资产配置，实现创业风险投资资本的社会化。在居民消费能力不高，投资对风险的容忍度不高，相应吸引民间投资有一定困难的地区，百姓手中的资金往往因为没有好的投资渠道而以存款的形式存放，资金流动性不足。政府可利用其公信力，通过打造融资平台，同时配合相应的投资保险，调动百姓的积极性将百姓的自留资金汇聚至创投引导基金；还可通过制定一定的投资奖励和补贴政策，引导更多的创业风险投资机构落户，将创投引导基金的资金盘活。

第三节　制造业出口绩效提升方面的相关建议

一、国家层面

（一）推动传统制造业向服务型制造转型和发展

制造业服务化对于我国出口产品质量的提升有一定的促进作用，可进一步提升我国制造业在国际市场的竞争力，因而有必要通过为服务业提供相应的税收上或财政上的鼓励政策，鼓励服务业的发展，并与制造业相关产业进一步融合，确保出口制造业企业对生产性服务业能够合理有效地运用。同时，也应当防止制造业服务化的过度发展，以免制造业生产过程中的生产性服务中间投入品要素比重过大，将制造业服务化发展成了服务业制造化。总而言之，应当制定出主次分明，且有利于制造业适度发展的服务业估计政策。

（二）加大力度加快资本和技术密集型企业发展建设

应当提升资本密集型和技术密集型生产企业出口产品的质量。这一需求能够通过制造业服务化水平的提升得到满足。我国技术密集型产品和资本密集型产品，在出口产品的质量上与传统强国相对比，仍然存在很大的差距。因此，我国在制造业的发展过程中，仍需加大投入力度，通过制造业服务化提升出口产品质量。对我国做到资源的合理配置以及充分运用，加大力度对制造业出口产品进行技术研发和技术创新，进而促进产品质量提升，以期缩小与传统制造业强国之间的差距。

（三）将引资向引智导引

要确保高技术含量的外资流入来充分发挥与大国相邻的地理优势对高技术产品出口的正效应，为此，我国需要改变目前的招商引资方式，推动招商引资向招商引"智"发展，提高外资流入的技术和智力内涵，为占据生产环节的优势地位提供技术支持。

二、产业层面

（一）建立具有国际竞争力的制造业产业集群

很大一部分中小制造业企业经营以小商品为主，规模小，多是家族企业，产权不明晰，科技创新能力低，生产技术不理想，多处在产品的粗加工模式阶段，地点分散，且各自为营，同类产品竞争严重，没有实现较好的规模效应。借鉴新加坡产业集群生态化发展理念，需要政府引导建立适应中国发展的产业集群，然后通过政府指导和实际验证找到适合自己的、在生产链中所处的最佳地位。政府提供相应的氛围和环境及政策上的支持，使产业创新理念支持市场化；从企业角度，企业可借助产业集群激发产业结构的创新与升级并不断优化，还可以通过规模效应减少不必要的资金浪费，明确自己在生产环节中的最佳地位，不断改进生产技术，进而提升国际竞争力。

（二）积极发展工业互联网，实施智能制造

在第四次工业革命的浪潮中，我国在信息技术发展方面遥遥领先，5G将成为未来制造业进一步发展的有力工具，消费者们的未来生活必然向数字化和万物互联的方向发展。5G与制造业的合理结合，将进一步改变商业和技术的融合运用。因此，我国制造业行业应当抓住时代浪潮，运用互联网新技术，与制造业实体经济相互交融，推动制造业向智能化方向发展。这将进一步提升制造业生产过程中的工作协调性，包括传统的制造业、信息技术服务业以及终端厂商在内的多端行业共同协作，行业技术融合运用。通过提升信息的有效性、优化生产流程、提升生产效率，最终达到提升出口产品质量的目的。

（三）鼓励科研人员培养，加快产业创新与优化研究

在传统工业强国制造业发展以及出口产品质量提升的历程中，技术进步起到了核心的作用。不论是从整体角度，还是从单独某一类别制造业的角度，技术进步的带动效果均尤为明显。但在我国过去的制造业发展过程中，技术进步的作用虽然存在，但起到的作用并不明显，这是我国的制造业无法快速缩小与传统工业强国之间差距的根源之一，也是我国在往后的技术发展过程中必然要重视的因素之一。

目前，我国制造业在出口产品质量提升的过程中，仍然受限于技术这一发展瓶颈，因此我国制造业有很大的空间对出口产品质量进行高效升级。技术进步能够有效地带动我国制造业出口产品质量的提升。不论是政府方面还是制造业企业方面，都应当对制造业技术研发与创新加以支持，让科研人员拥有充足的研究条件和良好的研发环境。通过有效的奖励方式激发科研人员在研发与创新上的热情，可以进一步提高研究结果商业化的可能性，从而有效提高产品的生产技术水平，促进出口产品质量的提升。

三、企业层面

（一）促进制造业出口产品优化升级

我们可以从两个角度来诠释制造业产品内部结构优化。首先，我国应该把重点放在制造业各细分行业间产品的优化调整上，调整的整体走向为从劳动密集型或低技术附加、低出口复杂度向技术（资本）密集型或高出口复杂度优化调整；其次，使生产工序从低技术附加、出口复杂度低的制造业产品向高技术（资本）附加、出口复杂度明显较高的制造业产品调整。在此前提下，中国制造业出口企业才能拥有非价格竞争优势，真正做到实现制造业出口产品从依靠"以量取胜"过渡到采用"以质取胜"战略的实质性转变。

（二）夯实制造业技术创新能力

科学技术是第一生产力。科学技术的发展在产品出口，主要体现为技术创新和产品创新。从制造业企业角度看，在保持已有优势的基础上，还应该重视并且加强企业的科技研发的投入，提高企业的研发密集度，从而加强企业的自主创新能力，提升企业的技术吸收能力。从国家角度看，政府应该积极完善我国现有的知识产权体系，实施一定的措施鼓励相关研发机构和企业加强自身的研发。在参与国际垂直专业分工体系过程中，我国制造业产生了大量的出口复杂度高的中间产品贸易，这样会对参与其中的贸易国产生技术外溢效应，而这种技术外溢效应能否被参与国有效吸收并且进一步转化为自身的技术优势，决定性因素是参与国是否具有较强的吸收技术能力，参与国制造业企业人力资本的储备水平和科技研发水平也是不容忽视的重要因素。此外，随着我国一步步地加大改革开放的力度，制造业企业将面临变幻莫测的市场环境。因此，从制造业企业角度

看，在保持已有优势的基础上，还应该重视并且加强企业的科技研发的投入，从而提高企业的研发密集度，加强企业的自主创新能力，提升企业的技术吸收能力。

（三）加大技术创新投入力度

在目前的经济新常态下，制造业企业的发展已经受到了环境与资源等多方面因素的制约。同时，劳动成本持续走高，使我国制造业出口企业难以与越南、印尼等东南亚制造业低成本国家竞争，传统的经济发展方式已经无法支持制造业企业在现下的市场中快速发展。技术的进步将伴随我国制造业企业的经营过程，不但能够有效地保证制造业企业的正常运营，而且可以与制造业服务化结合，提高制造业企业创新模仿的能力，很大程度上有利于生产率的提升，进而在多方面的共同作用下，促进出口产品质量的提升。因此，我国制造业企业应当合理利用制造业服务化，帮助企业高效技术创新，从而促进出口产品质量升级，并且抢占更大的制造业国际市场。

（四）合理布局工资与分工，实现劳动力最优效能发挥

在我国制造业的发展过程中，出口产品质量的提升在不同投入要素密集程度的制造业中都尤为重要。其中劳动力同样是必不可少的投入要素，即便是传统工业及制造业强国高品质产品的发展过程中，劳动力所做出的贡献以及发挥的作用都是十分重要的。虽然在如今科学技术进步飞速的后工业时代中，劳动力的作用逐渐缩小，但是劳动力在我国的制造业生产中，仍然具有其他制造业强国所不具备的优势，在我国提升出口产品质量的过程中仍扮演着不可或缺的角色。

从我国制造业发展现状来看，不同生产形式的制造业在出口产品质量的发展程度上差异悬殊，由于我国人口红利的影响，劳动密集型的出口产品拥有明显的优势性的良好品质。在劳动力优势的作用下，数年来经济得到了飞速提升，显著表现在劳动密集型生产环节上，因此相关制造业企业应该对就业人员工资做出合理安排，进一步对劳动密集型出口产品的优势进行强化。

（五）合理利用金融支持上游度位置，利用科技金融工具，提升出口质量

对于中国而言，金融支持客观上促进了制造业出口质量的提升，但当金融支持上游度偏高或者偏低，就会导致金融支持对制造业出口质量的提升效应无法达到最优化，在一定程度上造成金融资源很大的"浪费"。为此，应鼓励金融机构加大力度支持高技术产业的核心零部件生产和核心技术研发环节。一方面，积极鼓励生产性服务业支持制造过程逐渐从上游偏好转向中游，并扭转当前我国粗放型资源使用的不利局面，支持制造业出口技术复杂度的升级。另一方面，充分发挥与贸易关系国相邻的地理优势，签署自由贸易协定等，吸收大量高技术含量的外资流入。因此，我国应适当转变当前的招商引资方式，推动招商引资向招商选资和招商选"智"转变，提高外资流入的技术和智力内涵。在引进高技术中间产品、技术和设备，培养高素质人才的基础上，优化高等教育人才培

养模式，全方位形成良性互动的机制，提高我国出口型制造业的出口技术复杂度。

　　资本市场运行机制的优化将使资本市场充分发挥其提升制造业出口技术复杂度的媒介和桥梁作用。对于中小型企业，其提供的金融服务应该更加注重实效性和实用性。随着全球化的推进、社会生产方式的变化与改进，以及中小企业的迅猛发展和运营模式的变化，企业的需求也会不断地变化，所以应该根据时势的不同提供不同的金融服务。中小制造业出口企业的信贷和供应链需求不同，银行等金融机构应提供有针对性的精准服务，做好市场调查，不断推荐金融支持的创新性服务，为中小企业提供担保等支持服务，并发挥金融支持创新的积极性作用，开发新型融资支持的金融产品。目前我国的制造业出口行业没有完备的细分体系，优化调整市场细分对于提升制造业出口产品质量，以及寻求最佳的金融支持上游度都提供了突破口。生产工序上，从低技术附加、出口复杂度低的制造业产品向高技术（资本）附加、出口复杂度明显较高的制造业产品转变。改善无休止的价格竞争和反倾销争端，真正做到以质取胜。

参考文献

[1] 北京大学中国经济研究中心课题组. 中国出口贸易中的垂直专门化与中美贸易 [J]. 世界经济, 2016 (5): 3—11.

[2] 卞泽阳, 陈瑶雯. 制度变迁视角下我国微观出口三元边际增长对策研究——基于对中国入世和登记制改革的回顾 [J]. 国际贸易, 2018 (11): 16—21.

[3] 卞泽阳, 强永昌. 外贸制度变迁对中国出口三元边际的影响——基于中国入世和外贸经营登记制的实证研究 [J]. 当代财经, 2018 (10): 90—101.

[4] 卞祥瑞. 透析投贷联动模式六大隐性法律风险 [J]. 中国银行业, 2015: (7): 78—81.

[5] 蔡岩, 吕美晔, 王凯. 我国蔬菜产业及其主要出口蔬菜品目的国际竞争力分析 [J]. 国际贸易问题, 2007 (6): 62—67.

[6] 陈虹, 曹毅. 双向国际投资对服务业出口技术复杂度的影响——基于新兴服务贸易领域跨国面板的实证研究 [J]. 宏观经济研究, 2020 (09): 140—152.

[7] 陈虹, 王蓓. 生产性服务业进口技术复杂度对制造业出口质量的影响研究 [J]. 国际贸易问题, 2020 (09): 97—112.

[8] 陈林, 彭婷婷, 吕亚楠, 张亮. 中国对 "一带一路" 沿线国家农产品出口——基于二元边际视角 [J]. 农业技术经济, 2018 (06): 136—144.

[9] 陈晓华, 刘慧. 产品持续出口能促进出口技术复杂度持续升级吗?——基于出口贸易地理优势异质性的视角 [J]. 财经研究, 2015 (01): 74—86.

[10] 陈勇兵, 付浪, 汪婷, 胡颖. 区域贸易协定与出口的二元边际: 基于中国—东盟自贸区的微观数据分析 [J]. 国际商务研究, 2015, 36 (02): 21—34.

[11] 成力为, 孙玮, 孙雁泽. 地方政府财政支出竞争与区域资本配置效率——区域制造业产业资本配置效率视角 [J]. 公共管理学报, 2016, 6 (02): 29—36、123.

[12] 成力为, 赵晏辰, 吴薇. 经济政策不确定性、融资约束与企业研发投资——基于 20 国 (地区) 企业的面板数据 [J]. 科学学研究, 2021, 39 (02): 244—253.

[13] 崔远淼, 谢识予. 资源禀赋与中国制造业出口竞争力——基于省际空间面板数据模型的检验 [J]. 商业经济与管理, 2013 (12): 74—82.

[14] 戴翔. 服务贸易出口技术复杂度与经济增长 [J]. 财经研究, 2011 (10): 81—90.

[15] 戴严科, 林曙. 利率波动、融资约束与存货投资——来自中国制造业企业的证

据［J］. 金融研究，2017（04）：95－111.

　　［16］戴志敏，郑万腾，杨斌斌. 科技金融效率多尺度视角下的区域差异分析［J］. 科学学研究，2017（9）：1326－1333.

　　［17］邓光耀，张忠杰. 全球价值链视角下中国和世界主要国家（地区）分工地位的比较研究——基于行业上游度的分析［J］. 经济问题探索，2018（08）：125－132.

　　［18］邓小华，陈慧玥. 贸易政策不确定性对出口二元边际的影响研究——基于美国和新兴市场国家的数据分析［J］. 安徽大学学报（哲学社会科学版），2021，45（01）：145－156.

　　［19］丁存振，肖海峰."一带一路"背景下中国对东南亚国家农产品出口三元边际特征及其影响因素分析［J］. 当代经济管理，2019，41（06）：57－65.

　　［20］杜修立，王维国. 中国出口贸易的技术结构及其变迁：1980－2003［J］. 经济研究，2007（07）：137－151.

　　［21］杜运苏，曾金莲. 金融支持影响中国出口增长二元边际的实证分析——基于面板分位数模型［J］. 经济问题探索，2016（06）：94－100.

　　［22］樊海潮，李亚波，张丽娜. 进口产品种类、质量与企业出口产品价格［J］. 世界经济，2020，43（05）：97－121.

　　［23］方慧. 文化多样性与中国文化产品出口的二元边际［J］. 山东社会科学，2021（01）：126－133.

　　［24］耿强，吕大国. 出口学习、研发效应与制造业企业生产率提升——来自中国制造业企业的经验证据［J］. 科研管理，2015，（06）：137－144.

　　［25］耿晔强，马志敏. 略论中国对日本水产品出口国际竞争力［J］. 经济问题，2011（11）：50－53.

　　［26］辜胜阻，刘伟，庄芹芹. 大力发展科技　金融实施创新驱动战略——以湖北为视角［J］. 江汉论坛，2015（5）：5－9.

　　［27］顾雷雷，王鸿宇. 社会信任、融资约束与企业创新［J］. 经济学家，2020（11）：39－50.

　　［28］顾晓燕，庄雷. 知识产权保护提升出口技术复杂度的作用机制研究［J］. 现代经济探讨，2020（11）：89－97.

　　［29］郭亦玮，郭晶，杨艳. 基于非竞争型投入占用产出模型的中国制造业出口复杂度测度分析［J］. 管理世界，2012（05）：182－183.

　　［30］韩元亮，郑晓佳. 融资约束影响企业投资效率的作用机制研究［J］. 管理现代化，2021，41（01）：4－7.

　　［31］胡奕明，徐明霞，刘龙雪. 企业向高"上游度"行业转型：进击或退却？——基于上市公司行业分类代码变动的实证研究［J］. 投资研究，2018，37（09）：90－108.

　　［32］化兵，乔晓龙. 员工持股计划与融资约束——基于内部控制质量的中介效应分析［J］. 广东财经大学学报，2021，36（01）：98－112.

［33］黄杰，刘成，冯中朝. 中国对"一带一路"沿线国家农产品出口增长二元边际及其影响因素分析［J］. 中国农业大学学报，2018，23（12）：187－199.

［34］黄先海，陈晓华，刘慧. 产业出口复杂度的测度及其动态演进机理分析［J］. 管理世界，2010（3）：44－55.

［35］黄新飞，李锐，黄文锋. 贸易伙伴对第三方发起反倾销对中国出口三元边际的影响研究［J］. 国际贸易问题，2017（01）：139－152.

［36］蒋雨桥，李小克，向娟娟. 出口复杂度变动对金砖国家经济增长的影响分析［J］. 统计与决策，2017，（02）：133－136.

［37］金祥义，戴金平. 有效信息披露与企业出口表现［J］. 世界经济，2019，42（05）：99－122.

［38］康志勇. 中间品进口与中国企业出口行为研究："扩展边际"抑或"集约边际"［J］. 国际贸易问题，2015（09）：122－132.

［39］孔令夷. 外资技术扩散过程中讨价还价博弈的比较研究［J］. 管理学家（学术版），2017（08）：3－15.

［40］雷娜，郎丽华. 国内市场一体化对出口技术复杂度的影响及作用机制［J］. 统计研究，2020，37（02）：52－64.

［41］李冲，钟昌标，徐旭. 融资结构与企业技术创新——基于中国上市公司数据的实证分析［J］. 上海经济研究，2016（7）：64－72.

［42］李峰. 投贷联动助推中小企业发展［J］. 中国金融，2018（05）：41－43.

［43］李谷成，孙炜，高雪. 劳动力成本上升、劳动生产率与农产品出口技术复杂度——基于面板数据门槛回归模型的实证［J］. 农林经济管理学报，2020，19（04）：409－420.

［44］李宏，任家祺. 汇率变动对中国制造业进出口技术复杂度的影响分析［J］. 世界经济研究，2020（03）：3－15、135.

［45］李洪亚，史学贵，张银杰. 融资约束与中国制造业企业规模分布研究——基于中国制造业上市公司数据的分析［J］. 当代经济科学，2016，36（02）：95－109、127－128.

［46］李亮，马树才，徐腊梅. 中国出口贸易增长的动力：种类、数量抑或价格——基于三元边际对中国机械运输设备出口增长的分析［J］. 价格理论与实践，2019（11）：61－65.

［47］李强. 集聚对制造业企业出口贸易的影响：技术差异的视角［J］. 国际商务（对外经济贸易大学学报），2016，（02）：132－143.

［48］李文增. 关于天津科技金融发展几个重要问题的研究［J］. 产权导刊，2012（3）：28－31.

［49］李星晨，刘宏曼. 中国对"一带一路"国家农产品出口增长的二元边际分析［J］. 华南农业大学学报（社会科学版），2020，19（02）：13－23.

[50] 李宇轩. 中国参与全球价值链产业竞争力研究——基于上游度的比较分析 [J]. 价格月刊, 2018 (07): 64-68.

[51] 李岳云, 吴滢滢, 赵明. 入世 5 周年对我国农产品贸易的回顾及国际竞争力变化的研究 [J]. 国际贸易问题, 2007 (8): 67-72.

[52] 李真, 李茂林, 黄正阳. 研发融资约束、融资结构偏向性与制造业企业创新 [J]. 中国经济问题, 2020 (06): 121-134.

[53] 梁俊伟, 魏浩. 非关税措施与中国出口边际 [J]. 数量经济技术经济研究, 216, 33 (03): 3-22、77.

[54] 廖岷, 王鑫泽. 商业银行投贷联动机制创新与监管研究 [J]. 国际金融研究, 2016 (11): 45-55.

[55] 林僖, 鲍晓华. 区域服务贸易协定与服务出口二元边际——基于国际经验的实证分析 [J]. 经济学 (季刊), 2019, 18 (04): 1311-1328.

[56] 林僖, 林祺. 金融危机如何影响服务产业贸易流量——基于二元边际的分析视角 [J]. 国际贸易问题, 2017 (01): 81-92.

[57] 刘斌, 王乃嘉. 制造业投入服务化与制造业企业出口的二元边际——基于中国微观制造业企业数据的经验研究 [J]. 中国工业经济, 2016 (09): 59-74.

[58] 刘斌斌, 黄吉焱. 金融结构对地区信贷资金配置效率的影响——基于企业规模差异视角 [J]. 金融经济学研究, 2017, 32 (03): 66-74.

[59] 刘澈, 马珂. 我国投贷联动运作模式、障碍及对策研究 [J]. 西南金融, 2016 (09): 72-76.

[60] 刘辉煌, 吕雪丽. 国内价值链分工质量测度及其影响因素——基于改进的行业上游度分析 [J]. 商业研究, 2018 (07): 125-132.

[61] 刘慧, 陈晓华, 蒋墨冰. 生产性服务资源嵌入制造业生产环节的最优选择——基于中间投入品出口技术复杂度升级视角 [J]. 财经研究, 2020, 46 (07): 154-168.

[62] 刘慧, 陈晓华, 吴应宇. 金融支持上游度对高技术产品出口的影响研究 [J]. 科学学研究, 2016, 34 (09): 1347-1359.

[63] 刘钧霆, 曲丽娜, 佟继英. 进口国知识产权保护对中国高技术产品出口贸易的影响——基于三元边际的分析 [J]. 经济经纬, 2018, 35 (04): 65-71.

[64] 刘钧霆, 曲丽娜, 佟继英. 中国对外直接投资对高技术产品出口的影响研究——基于三元边际视角 [J]. 经济经纬, 2019, 36 (04): 56-62.

[65] 刘晓光, 刘嘉桐. 劳动力成本与中小企业融资约束 [J]. 金融研究, 2020 (09): 117-135.

[66] 刘渝琳, 贾继能. 投贷联动、资本结构与研发效率——基于科技创新型中小企业视角 [J]. 国际金融研究, 2018 (01): 25-34.

[67] 陆菁, 潘修扬, 刘悦. 劳动力成本、倒逼创新与多产品企业出口动态——质量选择还是效率选择 [J]. 国际贸易问题, 2019 (10): 67-83.

［68］罗军. 生产性服务 FDI 对制造业出口技术复杂度的影响研究［J］. 中国管理科学，2020，28（09）：54－65.

［69］罗长远，曾帅. "走出去"对企业融资约束的影响——基于"一带一路"倡议准自然实验的证据［J］. 金融研究，2020（10）：92－112.

［70］骆世广，李华民. 广东科技金融绩效评价——基于 NonICA 特征约简的 DEA 方法研究［J］. 金融理论与实践，2012（12）：39－42.

［71］吕波，黄惠. 贸易便利化、贸易壁垒与出口贸易发展关系研究——基于三元边际视角的分析［J］. 价格理论与实践，2019（06）：73－77.

［72］潘红波，杨海霞. 融资约束与企业创新：文献综述［J］. 财会月刊，2021（01）：30－36.

［73］蒲艳萍，顾冉，成肖. 出口二元边际、行业异质性与劳动生产率［J］. 重庆大学学报（社会科学版），2018，24（05）：44－55.

［74］齐俊妍，王岚. 贸易转型、技术升级和中国出口品国内完全技术含量演进［J］. 世界经济，2015（3）：29－56.

［75］齐欣，王强. 儒家文化与出口二元边际——来自中国企业的经验证据［J］. 财经论丛，2020（11）：13－22.

［76］秦洋. 普惠金融支持商贸流通业细分行业发展的异质性研究——基于省级面板数据［J］. 商业经济研究，2021（02）：147－150.

［77］曲丽娜，刘钧霆. 经济政策不确定性对中国出口三元边际的影响——来自高技术产品的证据［J］. 国际经贸探索，2020，36（05）：35－50.

［78］曲如晓，杨修，刘杨. 文化差异、贸易成本与中国文化产品出口［J］. 世界经济，2015，38（09）：130－143.

［79］任晓怡. 数字普惠金融发展能否缓解企业融资约束［J］. 现代经济探讨，2020（10）：65－75.

［80］任征宇. 战略性新兴产业金融支持效率研究——基于七大产业的上市公司证据［J］. 财会通讯，2021（04）：160－163.

［81］沈琳. 技术创新对中国高技术产品出口复杂度影响的实证研究［J］. 南京财经大学学报，2015（1）：14－19.

［82］世界银行数据库网站 http://data.worldbank.org/data－catalog.

［83］宋俊，谭中明. 江苏科技金融供求的现状、适应程度与提升对策「J］. 科技与经济，2012，25（6）：56－60.

［84］宋培，陈喆，宋典. 绿色技术创新能否推动中国制造业 GVC 攀升——基于 WIOD 数据的实证检验［J］. 财经论丛，2021（05）：3－13.

［85］宋玉华，江振林. 行业标准与制造业出口竞争力——基于中国 11 大行业面板数据的实证研究［J］. 国际贸易问题，2010（1）：10－17.

［86］苏杭，李化营. 行业上游度与中国制造业国际竞争力［J］. 财经问题研究，2016

（08）：31－37.

　　［87］孙楚仁，梁晶晶，徐锦强，黄蕾. 对非援助与中国产品出口二元边际［J］. 世界经济研究，2020（02）：3－18、135.

　　［88］孙黎康，张目. 科技型中小企业信贷风险评价指标体系研究——基于投贷联动模式的实证分析［J］. 科技创业月刊，2016，29（11）：26－28.

　　［89］孙阳阳，丁玉莲. 产业政策、融资约束与企业全要素生产率——基于战略性新兴产业政策的实证研究［J］. 工业技术经济，2021，40（01）：59－67.

　　［90］孙莹，吴克亮，徐柯. 金砖国家高技术产品出口竞争力影响因素对比分析［J］. 北京科技大学学报（社会科学版），2016（1）：106－112.

　　［91］孙元元，张建清. 中国制造业省际间资源配置效率演化:二元边际的视角［J］. 经济研究，2016，50（10）：89－103.

　　［92］孙志娜. 区际产业转移对中国出口技术复杂度的影响［J］. 科学学研究，2020，38（09）：1587－1596.

　　［93］田聪颖，肖海峰.FTA 背景下中韩双边出口增长的三元边际特征及前景分析［J］世界经济研究，2018（04）：97－109、137.

　　［94］田宗英，高越. 服务业 OFDI 逆向技术溢出对服务贸易出口增长三元边际的影响分析［J］. 商业经济研究，2018（04）：148－150.

　　［95］涂远芬. 贸易便利化对中国企业出口二元边际的影响［J］. 商业研究，2020（03）：58－65.

　　［96］王贝贝，刘春鹏."一带一路"背景下中俄对中亚国家出口增长路径比较——基于三元边际分解及引力模型的实证［J］. 中国流通经济，2019，33（12）：85－94.

　　［97］王厚双，盛新宇，安佳琪. 服务进口对服务出口的引致效应研究——基于进口三元边际视角［J］. 会计与经济研究，2020，34（02）：94－109.

　　［98］王丽，高国伦.OFDI 与中国出口二元边际关系研究［J］. 统计与决策，2021，37（02）：153－157.

　　［99］王澎波，于涛，王旺平. 金融支持、金融结构与经济增长——基于省级面板数据的分析［J］. 经济问题探索，2017（01）：120－127.

　　［100］王姝，宋丽敏. 企业创新融资结构理论与经验研究启示［J］. 辽宁大学学报（哲学社会科学版），2017，45（04）：42－48.

　　［101］王文娜，刘戒骄，张祝恺. 研发互联网化、融资约束与制造业企业技术创新［J］. 经济管理，2020，42（09）：127－143.

　　［102］王旭，褚旭. 债权融资是否推动了企业创新绩效?——来自治理二元性理论的动态解释［J］. 科学学研究，2017（8）：18－33.

　　［103］王有鑫，李坤望. 中国出口产品品质测度及其决定因素［J］. 世界经济，2015，（9）：69－93.

　　［104］王昱，成力为，安贝. 金融支持对制造业企业创新投资的边界影响——基于

HECKIT 模型的规模与效率门槛研究［J］. 科学学研究，2017，（01）：110－124

［105］魏霄，孟科学. 金融支持对出口复杂度提升的助推效应——基于金融功能改善视角的分析［J］. 山东科技大学学报（社会科学版），2016，（01）：93－100.

［106］魏昀妍，樊秀峰. "一带一路"背景下中国出口三元边际特征及其影响因素分析［J］. 国际贸易问题，2017（06）：166－176.

［107］温忠麟，张雷，侯杰泰，等. 中介效应检验程序及其应用［J］. 心理学报，2004，36（5）：614－620.

［108］文东伟，冼国明，马静. FDI、产业结构变迁与中国的出口竞争力［J］. 管理世界，2009（4）：96－107.

［109］文东伟，冼国明. 中国制造业的垂直专业化与出口增长［J］. 经济学（季刊），2015，9（2）：467－494.

［110］吴翌琳. 北京科技金融服务体系的动态匹配机制［J］中国科技论坛，2016（5）：116－122.

［111］武敬云，闫实强. 加入 WTO 以来的中国出口贸易结构质量——基于质量调整出口复杂度 QWEXPY 的实证研究［J］. 国际商务（对外经济贸易大学学报），2013（01）：28－40.

［112］夏秋. 产品内分工下制造业服务化与出口二元边际——基于系统 GMM 的经验研究［J］. 南方经济，2020（03）：53－72.

［113］项松林. "一带一路"影响中国和沿线国家出口增长的二元边际——基于双重差分模型的分析［J］. 财经问题研究，2020（04）：110－120.

［114］项松林. 融资约束对出口增长二元边际的影响［J］. 世界经济研究，2015（09）：3－12、127.

［115］项松林. 融资约束与中国出口增长的二元边际［J］. 国际贸易问题，2015（04）：85－94.

［116］肖扬，直银苹，谢涛. "一带一路"沿线国家贸易便利化对中国制造业企业出口技术复杂度的影响［J］. 宏观经济研究，2020（09）：164－175.

［117］谢建国，张丽. 投资促进还是效率促进——中国产品出口竞争力影响因素研究［J］. 财经理论与实践，2011，（172）：91－98.

［118］许荣，肖海峰. 中国蔬菜出口的三元边际特征及影响因素分析［J］. 河南农业大学学报，2019，53（06）：995－1002.

［119］严兵. FDI 与中国出口竞争力——基于地区差异视角的分析［J］. 财贸经济，2006（8）：51－55.

［120］颜剩勇，王典. "一带一路"企业社会责任、融资约束与投资效率［J］. 财经科学，2021（02）：45－55.

［121］杨逢珉，丁建江. 借"一带一路"之力扩大对俄罗斯农产品出口——基于二元边际和 VAR 模型的实证研究［J］. 国际商务研究，2016，37（03）：37－46.

[122] 杨逢珉，丁建江. 借力"一带一路"战略推进中国农产品出口中亚五国——基于三元边际的实证分析 [J]. 华东理工大学学报（社会科学版），2016，31（03）：84－92.

[123] 杨逢珉，李文霞. 中国对日本农产品出口的三元边际分析 [J]. 上海对外经贸大学学报，2015，22（05）：24－35.

[124] 杨连星，侯亚景. 文化贸易持续期与出口二元边际 [J]. 世界经济研究，2016（12）：60－72、133.

[125] 杨连星，张杰，金群. 金融发展、融资约束与企业出口的三元边际 [J]. 国际贸易问题，2015（04）：95－105.

[126] 杨清丽，李亚奇. 金融支持"三区三州"乡村产业振兴逻辑机理与实践路径 [J]. 青海民族研究，2020，31（04）：112－116.

[127] 杨亚平，张侠. 中国对外直接投资和出口对"一带一路"沿线国家出口技术复杂度的影响 [J]. 国际商务研究，2020，41（05）：96－108.

[128] 杨颖. 制造业出口二元边际的理论与实践 [J]. 市场研究，2016（10）：66－67.

[129] 杨勇. 广东科技金融发展模式初探 [J]. 科技管理研究，2011（10）：31－34.

[130] 姚博. 金融支持、区域市场整合与价值链提升 [J]. 产业经济研究，2014，（02）：11－20.

[131] 姚战琪. 人力资本、协同集聚对出口技术复杂度的影响:基于有调节的中介效应视角 [J]. 西安交通大学学报（社会科学版），2020，40（04）：80－90.

[132] 姚战琪. 数字贸易、产业结构升级与出口技术复杂度——基于结构方程模型的多重中介效应 [J]. 改革，2021（01）：50－64.

[133] 尹宗成，田甜. 中国农产品出口竞争力变迁及国际比较——基于出口技术复杂度的分析 [J]. 农业技术经济，2013（1）：77－85.

[134] 于翠萍. 服务业贸易开放的技术进步效应——基于出口产品技术复杂度的分析 [J]. 现代经济探讨，2020（11）：105－115.

[135] 余姗，樊秀峰. 中国制造业出口技术复杂度变迁及其影响机制分析——基于价值链分工视角 [J]. 经济经纬，2016（01）：90－95.

[136] 俞涔，严焰. 高新技术产品出口竞争力分析:浙江案例 [J]. 科技进步与对策，2012（10）：28－32.

[137] 袁鲲，曾德涛. 区际差异、数字金融发展与企业融资约束——基于文本分析法的实证检验 [J]. 山西财经大学学报，2020，42（12）：40－52.

[138] 袁征宇，王思语，郑乐凯. 制造业投入服务化与中国企业出口产品质量 [J]. 国际贸易问题，2020（10）：82－96.

[139] 张大为，黄秀丽. 粤港澳大湾区金融支持科技创新的现实困境及破解路径 [J/OL]. 西南金融：1－11 [2021－02－23]. http://kns.cnki.net/kcms/detail/51.1587.F.20210209.1039.012.html.

［140］张杰，郑文平. 政府补贴如何影响中国企业出口的二元边际［J］. 世界经济，2015，38（06）：22－48.

［141］张梅兰，杨连星. 文化贸易出口二元边际如何影响文化产品出口附加值［J］. 财经论丛，2021（07）：3－13.

［142］张萌，谢建国. 中国农机产品出口竞争力研究——基于出口技术复杂度视角［J］. 经济问题探索，2016（2）：159－165.

［143］张明喜，赵秀梅. 科技金融中心的内涵、功能及上海实践［J］. 科学管理研究，2016（4）：101－105.

［144］张为付，戴翔. 中国全球价值链分工地位改善了吗?——基于改进后出口上游度的再评估［J］. 中南财经政法大学学报，2017（04）：90－99.

［145］张小蒂，孙景蔚. 基于垂直专业化分工的中国产业国际竞争力分析［J］. 世界经济，2016，（5）：12－21.

［146］张小溪. 中国生产性服务贸易的现状、影响因素及发展研究——基于出口技术复杂度的分析［J］. 北京工业大学学报（社会科学版），2021，21（02）：71－83.

［147］张晓攀，刘春生. 中国汽车制造业出口二元边际测度与分析［J］. 中国物价，2016（03）：61－63.

［148］张肇中，王磊. 技术标准规制、出口二元边际与企业技术创新［J］. 科学学研究，2020，38（01）：180－192.

［149］章秀琴，张敏新. 环境规制对我国环境敏感性产业出口竞争力影响的实证分析［J］. 国际贸易问题，2012（5）：128－135.

［150］赵富森. 高技术产业出口技术复杂度与中国经济增长质量［J］. 统计与信息论坛，2020，35（09）：42－53.

［151］郑燕，丁存振，马骥. "一带一路"背景下中俄双边农产品出口三元边际分析［J］. 现代经济探讨，2018（10）：73－80.

［152］郑展鹏，岳帅. 制度质量、人口结构与出口技术复杂度［J］. 北京理工大学学报（社会科学版），2020，22（02）：70－78.

［153］中国国家统计局 http://www.stats.gov.cn/tjsj/.

［154］钟田丽，马娜，胡彦斌. 企业创新投入要素与融资结构选择——基于创业板上市公司的实证检验［J］. 会计研究，2014（04）：66－73、96.

［155］周诚君. 关于金融支持高质量发展和双循环新发展格局更好推动产业结构调整升级有关问题的思考［J］. 南方金融，2020（12）：3－10.

［156］周荣军，陈庭强. 外部冲击对我国出口二元边际的影响研究［J］. 湖北社会科学，2019（07）：54－62.

［157］邹薇，李浩然. 融资约束对中国出口二元边际的影响——基于贸易方式分类的实证分析［J］. 中国地质大学学报（社会科学版），2016（01）：144－152.

［158］左月华，任锦儒，王金萍，许飚. 疫情冲击下敏捷金融支持中小微企业融资研

究［J］. 新金融，2021（01）：59—64.

［159］Aghion P, Howitt P, Prantl S. Patent rights, product market reforms, and innovation ［J］. Journal of Economic Growth, 2015, 20 (3): 223—262.

［160］Aghion P, Howitt P. On the Macroeconomic Effects of Major Technological Change ［J］. Annales Déconomie Et De Statistique, 1998, 3 (49/50): 53—75.

［161］Amiti M, Freund C. The Anatomy of China's Export Growth ［C］. China's Growing Role in World Trade. Fds. Robert Feenstra & Shang-Jin Wei. Chicage: University of Chicago Press. 2010: 35—62.

［162］Andrew W Dick, Aaron S Edlin, Eric R Emch. The Savings Impact of College Financial Aid ［J］. Contributions in Economic Analysis & Policy, 2017, 2 (1): 63—88.

［163］Anwar, Shihab. Small and medium enterprise financing in Bangladesh: the means to battle unemployment and poverty ［D］. Dhaka: BRAC University, 2016: 15—21.

［164］Branstetter, Lardy. China's Embrace of Globalization ［J］. Brandt & Rawski, 2007 (4): 633—653.

［165］Chowdhury M, Farooque M. Micro Enterprise Financing in an Islamic Economic Framework: Bangladesh Perspective ［J］. Journal of Economics Library, 2016, 3 (1): 82—93.

［166］Hausmann, Ricardo, Jason Hwang, Dani Rodrik. What You Export Matters ［J］. Journal of Economic Growth, 2007, 12 (1): 1—25.

［167］Hazam D, Karimova D, Olsson, Magnus G. Crowdfunding as a Source for Social Enterprise Financing: Advantages and Disadvantages Experienced by Social Entrepreneurs ［D］. J?nk?ping University, 2017 (5): 31—37.

［168］Hongjun Peng, Tao Pang. Supply chain coordination under financial constraints and yield uncertainty ［J］. European Journal of Industrial Engineering, 2021, 14 (6): 88—121.

［169］Itzhak Gnizy, John W Cadogan, João S Oliveira, Asmat Nizam. The Empirical Link between Export Dispersion and Export Performance: A Contingency-based Approach ［J］. International Business Review, 2016.

［170］Lall, Sanjaya. Exports of Manufactures by Developing Countries: Emerging Patterns of Trade and Location ［J］. Oxford Review of Economic Policy, 1998, 14 (2): 54—73.

［171］Naughton. The Chinese Economy Transitions and Growh［J］Massachuaetts Insitute of Technology, 2007 (05): 58—87.

［172］Paajanen Anna, Annerstedt Kristi Sidney, Atkins Salla. "Like filling a lottery ticket with quite high stakes": a qualitative study exploring mothers' needs and perceptions of state-provided financial support for a child with a long-term illness in Finland ［J］. BMC Public Health, 2021, 21 (1): 125—147.

［173］Pagliacci Carolina. Financial constraints and inflation in Latin America: The impacts of bond financing and depreciations on supply inflation ［J］. Economic Analysis and Policy,

2020, 68 (3): 189－208.

［174］Prelipcean G, Boscoianu M. Stochastic dynamic model on the consumption-saving decision for adjusting products and services supply according with consumers' attainability ［J］. Amfiteatru Economic, 2014, 16 (35): 201－214.

［175］Rupeika-Apoga R, Danovi A. Availability of Alternative Financial Resources for SMEs as a Critical Part of the Entrepreneurial Eco-System: Latvia and Italy ［J］. Procedia Economics & Finance, 2015 (33): 200－210.

［176］Sandro Montresor, Antonio Vezzani. Financial constraints to investing in intangibles: Do innovative and non-innovative firms differ? ［J］. The Journal of Technology Transfer, 2021 (prepublish).

［177］Stiglitz J E. Principles of Financial Regulation: A Dynamic Portfolio Approach ［J］. World Bank Research Observer, 2001, 16 (1): 1－18.

［178］Stiglitz J E. The Current Economic Crisis and Lessons for Economic Theory ［J］. Eastern Economic Journal, 2009, 35 (3): 281－296.

［179］T Sabri Erdil, Osman Õzdemir. The Determinants of Relationship between Marketing Mix Strategy and Drivers of Export Performance in Foreign Markets: An Application on Turkish Clothing Industry ［J］. Procedia-Social and Behavioral Sciences, 2016 (235): 1501－1533.

［180］Vollrath T. A Theoretical Evaluation of Alternative Trade Intensity Measures of Revealed Comparative Advantage Evidence from OECD Countries ［J］. Review of World Economics, 1991 (7): 265－280.

［181］Webster Allan, Gilroy Michael. Labour Skills and the UK's Comparative Advantage with Its European Union Partners ［J］. Applied Economics, 1995 (01): 46－52.

［182］Wonglimpiyarat J. Innovation financing policies for entrepreneurial development—Cases of Singapore and Taiwan as newly industrializing economies in Asia ［J］. Journal of High Technology Management Research, 2013, 24 (2): 109－117.

［183］Yan Du, Mengkai Yang, Jing Li, Yunong Li. The Stagnant Export Upgrading in Northeast China: Evidence from Value-added Tax Reform ［J］. China & World Economy, 2020, 28 (4): 158－179.

［184］Yann Abdourazakou. Managing Innovation in the Sports Equipment Industry: Upstream Process Management ［J］. Management Studies, 2016, 4 (1): 161－182.

［185］Yu Shi, Yuan Cheng. Nonprofit-as-supplement: Examining the Link between Nonprofit Financial Support and Public Service Quality ［J］. VOLUNTAS: International Journal of Voluntary and Nonprofit Organizations, 2021 (prepublish).

附录 1

本书所提及的 49 国（或地区）及对应的国际域名缩写

国际域名缩写	国家（或地区）	国际域名缩写	国家（或地区）
ARG	阿根廷	MYS	马来西亚
AUS	澳大利亚	MEX	墨西哥
AUT	奥地利	NLD	荷兰
BEL	比利时	NGA	尼日利亚
BRA	巴西	NOR	挪威
CAN	加拿大	PHL	菲律宾
CHL	智利	POL	波兰
CHN	中国	PRT	葡萄牙
HKG	中国香港特别行政区	QAT	卡塔尔
CZE	捷克	ROM	罗马尼亚
DNK	丹麦	RUS	俄罗斯
FIN	芬兰	SAU	沙特阿拉伯
FRA	法国	SGP	新加坡
DEU	德国	SVK	斯洛伐克
HUN	匈牙利	ZAF	南非
IND	印度	ESP	西班牙
IDN	印度尼西亚	SWE	瑞典
IRN	伊朗	CHE	瑞士
IRQ	伊拉克	THA	泰国
IRL	爱尔兰	TUR	土耳其
ISR	以色列	ARE	阿联酋
ITA	意大利	GBR	英国
JPN	日本	USA	美国
KOR	韩国	VNM	越南
KWT	科威特		

附录 2

2006－2017 年 49 国（或地区）的出口技术复杂度

国家	2006	2008	2010	2011	2012	2013	2014	2015	2016	2017
ARG	5919.8	6036.3	7147.3	6371.8	6774.8	7585.3	6395.3	7306.6	8500.6	6699.9
AUS	6542.2	6584.9	7627.3	6923.3	7466.7	9440.3	6134.2	7578.5	5559.6	7054.0
AUT	3258.2	6570.3	7826.1	7362.5	7838.6	9684.2	4143.3	7296.7	5591.9	7430.6
BEL	6494.5	6624.2	7692.5	7058.9	7448.6	9645.6	4670.1	6712.0	7108.4	7294.3
BRA	5824.2	5959.4	7044.7	6349.2	7061.0	9899.7	9489.0	6547.3	8398.7	6725.4
CAN	6020.9	6100.0	7168.1	6372.9	6816.8	9663.9	8382.6	5993.5	9125.9	6723.0
CHL	5181.4	5405.3	6299.1	5695.1	6129.0	9620.6	6589.3	6410.0	7622.9	6106.3
CHN	5662.0	5606.0	6584.0	6272.4	6806.1	9553.0	6244.4	5877.5	7526.0	7677.0
HKG	5216.7	5097.1	5773.3	5616.9	6073.8	7977.1	1734.7	5835.3	7241.9	5725.0
CZE	5776.2	5859.5	6767.8	6269.6	6798.5	9216.6	4131.6	7807.2	9158.3	6633.0
DNK	6848.3	6742.4	8152.9	7542.1	7994.9	9655.4	3246.6	7139.3	8656.9	7635.7
FIN	6098.5	5982.8	7112.8	6770.2	7309.4	9529.4	4445.8	7438.7	9096.8	6957.8
FRA	6520.3	6563.9	7674.0	6907.1	7468.0	9687.1	7115.8	7279.0	9467.0	7417.8
DEU	6346.8	6407.0	7572.0	6907.8	7437.1	9686.1	5624.1	4209.0	8163.9	72322
HUN	5998.4	6101.7	7154.1	6785.7	7044.3	8929.6	3548.2	7126.0	8477.8	6963.3
IND	6085.5	6151.8	7347.8	6729.4	7379.9	9458.0	4797.1	6176.3	8616.3	7182.8
IDN	5263.6	5328.1	6316.0	5931.8	6551.9	9133.3	4069.9	6385.6	7251.3	6120.5
IRN	5518.2	5511.2	6539.1	5859.5	6767.8	9878.0	7818.0	6769.8	7039.9	6066.9
IRQ	6416.8	6380.0	7578.0	6086.0	7246.1	8857.6	5111.8	7969.1	7380.9	6490.0
IRL	6853.7	6967.8	7727.2	7279.0	7908.9	8563.4	2697.2	6911.1	7601.4	8313.3
ISR	6522.4	6580.9	7306.6	6523.4	7217.9	8866.0	5498.1	7440.8	7663.8	6967.2
ITA	6446.7	6480.2	7645.4	7087.1	7629.8	9806.2	4228.5	6634.5	7574.8	7314.7
JPN	5824.6	5885.1	6828.2	6267.9	7050.5	9424.9	6332.2	6037.9	8044.2	6534.6

国家	2006	2008	2010	2011	2012	2013	2014	2015	2016	2017
KOR	5323.6	5265.1	6122.4	5674.0	6501.3	8985.1	3978.2	6008.4	6798.3	5945.9
KWT	5216.7	5789.5	6867.3	5941.7	6232.4	9829.0	6540.0	5809.2	6673.8	5810.5
MYS	5036.6	5096.2	5736.1	5415.4	6016.8	7982.7	5394.6	6190.6	6351.1	5635.4
MEX	5587.5	5616.8	6440.4	6026.3	6396.3	9178.7	3541.9	6844.8	7969.0	6316.5
NLD	5838.5	5691.7	6783.6	6242.2	7122.0	8909.7	3579.3	6389.8	8884.2	6788.4
NGA	5849.8	5920.7	6611.3	6201.5	6620.7	9457.1	4512.6	7287.6	7242.6	3680.8
NOR	6287.6	6442.7	7431.8	8091.0	7547.9	9555.6	4475.6	5728.1	9801.5	7266.3
PHL	4884.4	4755.5	5206.9	5291.1	5952.6	8110.0	3462.2	6426.4	5974.8	5365.2
POL	5669.4	5847.4	6757.9	6192.7	6604.6	8936.0	4185.2	6475.1	8957.3	6490.1
PRT	5625.9	5656.6	6646.3	6294.8	6908.6	9771.8	4182.9	6559.1	7151.2	6521.0
QAT	6109.7	5899.7	7109.2	5992.6	6863.8	9800.6	7983.8	6536.0	7094.1	6232.5
ROM	5261.7	5438.7	6446.1	6379.4	6535.5	9359.7	4271.8	6316.1	9335.5	6606.1
RUS	5801.4	5870.7	6933.4	6172.9	6703.4	9544.3	6722.7	6158.1	7241.9	6347.0
SAU	5574.4	5502.1	6682.2	6419.6	6353.2	9763.0	5874.3	6684.1	6813.5	6045.9
SGP	5867.7	5691.7	6287.7	6388.6	6819.4	8134.6	3456.1	6284.5	7727.7	6429.8
SVK	5670.8	5757.0	6720.4	6111.5	6463.1	9264.1	4727.0	6455.9	8606.7	6405.2
ZAF	5569.1	5662.1	6682.2	6155.7	6653.4	9827.7	6722.7	7083.6	7598.8	6373.7
ESP	6145.5	4130.7	7383.4	6725.8	7122.5	9796.4	5575.5	7269.3	9843.3	7182.8
SWE	6669.8	6614.3	7764.1	7150.1	7525.2	9331.1	3725.1	6844.8	8260.0	7266.1
CHE	4088.2	4130.7	6783.6	6242.2	7122.0	8909.7	3579.3	5997.1	8884.2	4437.7
THA	5173.0	5124.1	7112.8	5638.5	6263.2	8957.1	3999.4	6414.5	6801.1	5839.2
TUR	5642.4	5795.6	6744.0	6145.7	6633.7	9803.6	4361.4	7489.8	3263.4	6420.9
ARE	5929.3	5876.8	6861.4	6099.4	6650.4	9313.7	4861.8	7489.8	7647.6	6178.8
GBR	6599.7	6738.5	7816.7	7336.8	7715.1	9495.3	3977.5	6925.2	7175.3	7688.6
USA	6222.3	6229.3	7278.9	6660.1	7235.2	9237.0	6311.8	5656.1	7705.3	7870.8
VNM	5212.9	5235.3	6126.0	5944.0	6258.6	9354.7	2795.0	7152.7	7138.4	5627.4

注：以上数据均保留一位小数。

数据来源：根据 UN Comtrade Data、World Bank 计算可得。

附录 3

部分年度各国家数据情况表

国家	年度	各国出口规模	金融机构信贷规模的 BRC 指标	金融机构的信贷效率的 PCR 指标	股票交易总额占国民生产总值（GDP）的比重（STV）(%)	股票交易中的国内股票周转率（STTR）(%)	制造业企业数量（NUMBER）	金融支持上游度（FSU）
	2007	0.0044	118.1372986	113.8350824	115	78.38093543	1913	2.28
	2008	0.0045	146.4152021	120.7878681	161	105.772451	1924	2.28
	2009	0.0042	159.3327962	121.8878367	79.6	122.7911773	1882	2.27
	2010	0.0043	150.9934395	122.7977447	90.8	66.683166	1913	2.28
AUS	2011	0.0042	154.3140649	125.9228167	99	77.78237778	1983	2.26
澳大利亚	2012	0.0041	151.8931887	122.9272538	81.2	94.18250355	1959	
	2013	0.0041	150.737404	121.9679675	58.9	65.30267105	1955	
	2014	0.0038	156.5022589	125.758394	50.4	57.67975553	1967	
	2015	0.0038	165.8748893	129.6383013	48.4	54.58844241	1989	
	2016	0.0039	177.277212	137.6437916	56.1	63.2336623	1969	

续表

国家	年度	各国出口规模	金融机构信贷规模的BRC指标	金融机构的信贷效率的PCR指标	股票交易总额占国民生产总值（GDP）的比重（STV）（%）	股票交易中的国内股票周转率（STTR）（%）	制造业企业数量（NUMBER）	金融支持上游度（FSU）
AUT 奥地利	2007	0.0109	126.2952289	94.58491883	24.8	43.04096414	102	2.1
	2008	0.0115	123.4074069	93.13755196	33.4	54.61455246	101	2.11
	2009	0.0110	127.0926264	96.09859391	23	128.6392873	97	2.13
	2010	0.0108	135.9681435	98.03368663	13	45.15386969	89	2.12
	2011	0.0098	135.6404273	98.61231555	12.5	38.75097237	88	2.11
	2012	0.0096	132.7287135	96.18628477	9	45.48855206	84	
	2013	0.0090	135.9088457	94.31756662	5.8	22.29372676	82	
	2014	0.0093	130.9800361	92.5490521	6.2	22.5441677	82	
	2015	0.0095	126.4360615	87.89816281	6.6	29.67162112	79	
	2016	0.0093	125.0808924	86.5329293	8.4	33.02784635	71	
BEL 比利时	2007	0.0308	106.0003918	65.52858918	33	34.14043888	175	2.05
	2008	0.0320	108.7864397	68.22603151	49.1	60.06171811	171	2.03
	2009	0.0304	110.6014133	62.34600329	36.8	114.0517123	165	2.02
	2010	0.0314	116.0536268	58.28987244	25.4	47.44173449	161	2.01
	2011	0.0282	113.6789546	56.49587374	22.2	39.97303725	151	2.02
	2012	0.0276	114.0008335	54.96167299	19.6	45.02443629	147	

续表

国家	年度	各国出口规模	金融机构信贷规模的BRC指标	金融机构的信贷效率的PCR指标	股票交易总额占国民生产总值（GDP）的比重（STV）（%）	股票交易中的国内股票周转率（STTR）（%）	制造业企业数量（NUMBER）	金融支持上游度（FSU）
	2013	0.0259	113.2345806	54.55070968	20.3	33.69604491	117	
BEL	2014	0.0288	112.2424128	56.57472837	22.2	30.80389187	113	
比利时	2015	0.0263	154.2398423	58.20760719	20.2	28.33301266	117	
	2016	0.0254	148.0106056	61.54633472	19.4	26.89742865	116	
	2007	0.0107	82.91008752	35.42516552	25.2	39.34921132	395	1.89
	2008	0.0105	87.3153295	40.69093701	46.2	47.12224789	383	1.92
	2009	0.0110	85.90878109	45.7822573	33.6	96.26614083	377	1.96
	2010	0.0106	90.47496121	47.49429491	42.5	52.93460745	373	1.96
BRA	2011	0.0110	93.38870295	52.76465763	41.1	58.75725396	366	1.91
巴西	2012	0.0113	95.15544685	58.0784911	31.5	67.12443249	353	
	2013	0.0107	101.0640492	62.5192932	33.7	67.7535516	352	
	2014	0.0101	100.0459387	64.23057382	29.9	72.48512387	351	
	2015	0.0095	103.4405548	66.02852182	26.2	76.33318963	345	
	2016	0.0095	106.9777942	66.77640904	23.3	85.61642533	338	
CHN	2007	0.0822	131.5802788	109.128143	42.1	101.1817366	1530	3.14
中国	2008	0.0907	125.6915735	105.7091806	177.5	140.7822271	1604	3.21
	2009	0.0933	118.7356075	101.9032786	84.9	219.5352304	1700	3.27

续表

国家	年度	各国出口规模	金融机构信贷规模的BRC指标	金融机构的信贷效率的PCR指标	股票交易总额占国民生产总值（GDP）的比重（STV）（%）	股票交易中的国内股票周转率（STTR）（%）	制造业企业数量（NUMBER）	金融支持上游度（FSU）
CHN 中国	2010	0.1022	141.6804993	124.194537	153.2	219.1159618	2063	3.18
	2011	0.1104	142.1987742	126.2942404	135.4	205.0166274	2342	3.13
	2012	0.1102	140.6030417	122.7485721	88.1	195.5971037	2494	
	2013	0.1177	149.0825938	128.4915596	58.7	135.9666722	2489	
	2014	0.1237	155.7355293	133.8002981	80.1	194.8772193	2613	
	2015	0.1291	167.2369036	140.1456024	114.1	199.1579244	2827	
	2016	0.1452	193.4096063	152.5411744	355.4	480.287296	3052	
FRA 法国	2007	0.0408	127.3617048	101.7219263	86.7	119.1271715	707	2.2
	2008	0.0399	120.4801391	96.59991326	108.7	154.6095416	673	2.22
	2009	0.0382	122.2828234	96.42735016	82.3	377.2479782	652	2.25
	2010	0.0393	128.4509893	98.18569431	47.7	138.3361361	617	2.22
	2011	0.0354	164.7975628	87.9541561	51	104.5419959	586	2.19
	2012	0.0334	161.9667643	84.59794608	46.5	132.8496494	562	
	2013	0.0319	156.9249454	83.41356507	40.1	84.09694982	500	
	2014	0.0317	136.8863225	81.65824558	39.4	67.79647621	495	
	2015	0.0313	140.1621448	79.40241387	41.2	72.99616265	490	
	2016	0.0359	134.8228382	77.94382786	43.5	84.19470087	485	

续表

国家	年度	各国出口规模的	金融机构信贷规模的 BRC 指标	金融机构的信贷效率的 PCR 指标	股票交易总额占国民生产总值（GDP）的比重（STV）(%)	股票交易中的国内股票周转率（STTR）(%)	制造业企业数量（NUMBER）	金融支持上游度（FSU）
	2007	0.0966	131.9991014	136.8003204	65	44.05631757	761	2.1
	2008	0.0568	122.6996392	136.6797429	94.6	75.94210156	742	2.07
	2009	0.0933	122.3432713	140.2857527	111.7	118.0200189	704	2.05
	2010	0.0929	164.0570757	155.4261611	52.3	61.30946264	690	2.08
DEU	2011	0.0363	195.3580875	185.5819127	43.7	54.86610643	670	2.06
德国	2012	0.0857	207.1401783	202.2927455	41.9	63.63736535	665	
	2013	0.0818	201.1053623	198.5315051	35.3	38.02076817	639	
	2014	0.0821	222.6279205	218.1904936	35	40.86087354	595	
	2015	0.0839	236.1809088	233.3958585	32.7	44.87851938	555	
	2016	0.0843	211.9689825	208.0294139	43	64.95297576	531	
	2007	0.0063	67.76731558	47.56148833	27	73.89285049	39	2.17
	2008	0.0068	75.1534172	53.50663617	34	102.3611974	40	2.21
	2009	0.0068	81.67386698	59.67668648	17.5	149.2724505	42	2.21
HUN	2010	0.0069	80.60431308	60.25482987	20.9	90.57574035	48	2.39
匈牙利	2011	0.0066	80.69039943	61.04675015	20.3	95.51778684	52	2.17
	2012	0.0064	77.1834891	59.08964903	11.2	83.37471375	51	
	2013	0.0059	68.46728067	50.83854416	8.6	52.80956138	50	

续表

国家	年度	各国出口规模	金融机构信贷规模的BRC指标	金融机构的信贷效率的PCR指标	股票交易总额占国民生产总值（GDP）的比重（STV）（%）	股票交易中的国内股票周转率（STTR）（%）	制造业企业数量（NUMBER）	金融支持上游度（FSU）
HUN 匈牙利	2014	0.0061	65.38230861	46.39442256	8	54.66704988	48	
	2015	0.0064	60.92855563	43.15042913	5.1	49.01517782	45	
	2016	0.0065	58.88399639	36.07726395	6.1	42.06790883	43	
IND 印度	2007	0.0090	60.87489157	43.22063097	68.7	79.59462439	4887	2.39
	2008	0.0095	62.71518068	46.22280788	95.2	62.85434168	4921	2.41
	2009	0.0107	69.79399726	50.05967986	78	142.9925632	4955	2.43
	2010	0.0126	72.34723284	48.77840221	82.4	83.47027151	5034	2.44
	2011	0.0136	74.19887096	51.13684425	82.4	66.2811498	5112	2.4
	2012	0.0152	76.14843376	51.29093304	35.4	64.0842135	5191	
	2013	0.0146	77.15912273	51.87482482	33.7	48.76564697	5294	
	2014	0.0174	77.89525885	52.37119476	29	47.22174966	5541	
	2015	0.0163	76.11702393	52.02493632	35.9	46.89110026	5835	
	2016	0.0152	76.1448486	52.23368999	37	50.91606661	5820	
IDN 印度尼西亚	2007	0.0063	41.65935869	23.86802023	11.1	29.03312464	383	1.774
	2008	0.0064	40.58021147	25.16344943	22	44.8358252	396	1.770
	2009	0.0067	36.77019256	26.29642953	14.9	76.80121425	398	1.879
	2010	0.0072	36.96638656	24.89477299	16	40.04503645	420	1.978

续表

国家	年度	各国出口规模的	金融机构信贷规模的 BRC 指标	金融机构的信贷效率的 PCR 指标	股票交易总额占国民生产总值（GDP）的比重（STV）（%）	股票交易中的国内股票周转率（STTR）（%）	制造业企业数量（NUMBER）	金融支持度上游（FSU）
	2011	0.0077	34.18243851	24.35649893	16	28.98325722	440	1.987
	2012	0.0079	36.55014025	26.87854153	11.8	27.03758193	459	
IDN	2013	0.0076	40.76803287	29.88802643	10	21.46766158	483	
印度尼西亚	2014	0.0072	43.42926373	32.37033501	10.8	28.5160624	506	
	2015	0.0072	43.43982377	32.94351572	10.2	21.49151304	521	
	2016	0.0073	46.71547298	33.05027531	8.7	21.24298584	537	
	2007	0.0096	172.5314684	144.4558203	5.2	7.398669525	60	2.14
	2008	0.0094	233.9865071	157.9180836	9.1	17.13704558	58	2.03
	2009	0.0086	230.7312149	165.9628195	6.4	35.48678913	55	1.69
	2010	0.0104	234.143088	169.0669709	4.2	16.12125867	50	1.75
IRL	2011	0.0086	236.7806763	133.530568	4.2	14.6924272	48	1.74
爱尔兰	2012	0.0079	225.9886342	114.7742306	3.4	7.53861152	42	
	2013	0.0073	204.5164056	111.182343	4.2	8.600956279	41	
	2014	0.0069	192.0345131	103.9380476	6.2	8.759043768	43	
	2015	0.0070	162.0602913	81.38037416	6.5	11.55245817	43	
	2016	0.0085	109.5286793	54.345482	7.4	16.35001018	40	

续表

国家	年度	各国出口规模	金融机构信贷规模的BRC指标	金融机构的信贷效率的PCR指标	股票交易总额占国民生产总值（GDP）的比重（STV）(%)	股票交易中的国内股票周转率（STTR）(%)	制造业企业数量（NUMBER）	金融支持上游度（FSU）
ITA 意大利	2007	0.0353	108.6178789	75.66788865	62.2	117.7735345	301	2.37
	2008	0.0370	124.8199217	81.78424888	100.5	206.3860527	294	2.33
	2009	0.0351	137.613262	83.8235029	57.9	265.1711047	291	2.32
	2010	0.0343	146.2889421	87.61974881	42.4	141.3158029	290	2.31
	2011	0.0310	160.4578188	93.27600229	42.4	124.4458195	311	2.29
	2012	0.0302	164.1204778	94.56959073	37.2	196.2059386	303	
	2013	0.0287	177.3916289	94.24924195	37.8	162.4245899	285	
	2014	0.0292	172.7151702	91.16395709	36.1	125.1077422	290	
	2015	0.0297	172.3011344	88.9097638	95.6	350.0114862	312	
	2016	0.0295	170.7188385	87.89542685	100.2	380.295902	320	
JPN 日本	2007	0.0569	300.784514	96.29139251	121.4	119.1691182	2389	2.4
	2008	0.0544	290.3896093	94.93663768	145.9	152.0653183	2374	2.4
	2009	0.0523	295.554227	98.0013662	123.2	199.2650647	2320	2.39
	2010	0.0501	320.6782702	103.7104316	73.9	117.0008618	2281	2.4
	2011	0.0551	320.2389192	101.1219259	73.9	111.5608358	2280	2.34
	2012	0.0492	328.9763264	101.6759173	70	129.6174366	2294	
	2013	0.0479	337.8106254	103.5923712	53.9	96.19358054	3408	
	2014	0.0417	350.0754255	105.9498712	118	133.8969698	3458	
	2015	0.0397	357.3186333	104.994744	99.9	110.6604989	3504	
	2016	0.0407	352.5236719	103.611059	127.1	113.8226621	3535	

续表

国家	年度	各国出口规模	金融机构信贷规模的 BRC 指标	金融机构的信贷效率的 PCR 指标	股票交易总额占国民生产总值（GDP）的比重（STV）(%)	股票交易中的国内股票周转率（STTR）(%)	制造业企业数量（NUMBER）	金融支持上游度（FSU）
	2007	0.0298	138.5126157	127.2213077	132.4	160.5063459	1755	2.34
	2008	0.0298	143.5792448	134.8799559	170.8	170.8422426	1789	2.38
	2009	0.0297	158.7454959	148.3404699	118.5	252.1725001	1778	2.42
	2010	0.0333	157.3505728	144.5265779	186.9	201.9488044	1781	2.41
KOR 韩国	2011	0.0351	151.0408207	135.9277756	186.9	149.2569306	1799	2.38
	2012	0.0351	153.1653997	138.1332928	160.9	194.1901244	1767	
	2013	0.0345	155.8450365	136.6930093	129.6	134.3605384	1798	
	2014	0.0346	155.8033232	134.9077955	101.9	107.7196737	1849	
	2015	0.0351	162.2943597	138.3581705	91	105.849479	1948	
	2016	0.0368	166.5462238	140.570507	133.8	149.7507667	2039	
	2007	0.0226	34.39986063	16.53567977	8.5	23.49418521	125	1.82
	2008	0.0206	36.94154633	17.99578262	11.3	29.64877409	125	1.92
MEX 墨西哥	2009	0.0199	37.01540793	17.04550898	7.7	36.25669138	125	1.97
	2010	0.0203	43.14636025	18.14717604	8.7	22.03028677	130	1.93
	2011	0.0217	43.92190579	18.44905899	8.7	24.45720899	128	2.01

续表

国家	年度	各国出口规模	金融机构信贷规模的BRC指标	金融机构的信贷效率的PCR指标	股票交易总额占国民生产总值（GDP）的比重（STV）（%）	股票交易中的国内股票周转率（STTR）（%）	制造业企业数量（NUMBER）	金融支持上游度（FSU）
MEX 墨西哥	2012	0.0211	44.44445831	19.56401061	8.5	24.4168689	131	
	2013	0.0222	46.19213111	20.15693917	10.1	22.79498472	138	
	2014	0.0224	48.95111972	22.41581234	13	31.11920018	141	
	2015	0.0231	49.67052504	22.21237646	9.9	26.66041389	136	
	2016	0.0252	53.7658896	24.44928468	9.1	25.76835669	137	
NLD 荷兰	2007	0.0356	165.7405233	114.5630615	124	115.552876	221	2.03
	2008	0.0367	184.2075398	114.462725	183.6	161.2144715	211	2.13
	2009	0.0361	182.2923104	112.3114135	103.7	249.7328443	164	2.2
	2010	0.0364	207.2319202	118.6190368	63.2	96.93868856	150	2.09
	2011	0.0354	218.2675864	115.0475367	63.2	84.31297905	144	2.19
	2012	0.0377	224.0340691	115.8731368	57.9	87.01969566	135	
	2013	0.0355	234.0160021	118.2015736	50.4	64.14491275	99	
	2014	0.0363	209.3547587	115.1902419	55	58.27451786	98	
	2015	0.0362	218.2207455	115.9124777	54.1	60.53814652	100	
	2016	0.0346	208.3416724	111.495816	53.2	62.279506	103	
POL 波兰	2007	0.009481701	42.85686244	31.19980483	15.4	35.76356914	352	1.8
	2008	0.010513548	47.8027627	37.11183432	21	42.60880578	432	1.76

续表

国家	年度	各国出口规模的指标	金融机构信贷规模的 BRC 指标	金融机构的信贷效率的 PCR 指标	股票交易总额占国民生产总值（GDP）的比重（STV）(%)	股票交易中的国内股票周转率（STTR）(%)	制造业企业数量（NUMBER）	金融支持上游度（FSU）
POL 波兰	2009	0.01141802	63.51020046	47.26301621	9.7	56.91643573	470	1.73
	2010	0.011897259	61.58352087	47.03062509	12.9	37.51174885	570	1.7
	2011	0.011366821	63.23004891	48.74693575	12.9	36.41177092	757	1.69
	2012	0.011378301	65.91373699	51.38743424	13.8	52.85151503	844	
	2013	0.010754139	64.06819231	50.10267634	12	33.94904457	869	
	2014	0.011876509	67.22783464	51.06793526	13.9	35.50006099	872	
	2015	0.012405008	71.07490591	52.22050164	10.6	34.21913877	872	
	2016	0.01272939	73.19543658	53.64816366	11	38.19984789	861	
PRT 葡萄牙	2007	0.0038	152.9900547	133.343587	31.7	63.38304892	52	2.04
	2008	0.0039	162.9633102	142.1725912	57.2	103.9044896	55	2.06
	2009	0.0037	175.7418585	151.6101557	29	110.2100557	54	2.07
	2010	0.0038	192.272146	159.7639736	18.4	45.56839279	52	2.07
	2011	0.0034	205.940303	155.2605413	18.4	65.43109662	51	2.07
	2012	0.0035	204.7862904	156.123825	14.6	57.78186669	49	
	2013	0.0034	201.2482704	152.7779709	12.2	40.34880548	46	
	2014	0.0036	188.5542192	143.1954917	17.2	49.22195461	47	
	2015	0.0036	173.7177269	129.697958	20.4	81.01309599	47	
	2016	0.0036	166.8704738	119.8658676	23.1	83.19075016	45	

续表

国家	年度	各国出口规模	金融机构信贷规模的 BRC 指标	金融机构的信贷效率的 PCR 指标	股票交易总额占国民生产总值（GDP）的比重（STV）（%）	股票交易中的国内股票周转率（STTR）（%）	制造业企业数量（NUMBER）	金融支持上游度（FSU）
ROM 罗马尼亚	2007	0.002809115	23.880011	25.68754134	1.3	6.35874213	54	2.19
	2008	0.003017147	34.5626906	34.60419541	1.6	9.095706422	62	2.23
	2009	0.003177059	39.3170705	36.97257397	0.6	8.086371509	68	2.27
	2010	0.003404836	44.65660999	38.48670334	1	12.61863219	73	2.27
	2011	0.003376759	47.61800236	38.75690106	1	11.81334796	77	2.28
	2012	0.003589769	48.88955991	38.89903755	1.6	20.8939406	77	
	2013	0.00328588	46.63222041	37.52176946	1.2	23.1975195	81	
	2014	0.00356471	41.65812363	33.85757298	0.6	25.2890185	81	
	2015	0.003780912	37.91923136	31.12118484	0.8	27.289276	82	
	2016	0.003761176	37.513339	29.89191315	1	29.2367506	84	
RUS 俄罗斯	2007	0.0214	21.53084163	30.93858044	58.9	53.29525179	592	1.57
	2008	0.0222	23.91698624	37.7817881	98.3	42.29579252	561	1.59
	2009	0.0252	24.41637918	41.55094387	69.5	53.2975105	550	1.6
	2010	0.0207	34.12227628	45.25732338	41.7	67.00353363	556	1.61
	2011	0.0225	37.72136865	42.83641232	41.7	53.28018504	817	1.59
	2012	0.0242	37.11272813	41.98641616	27.3	70.73296229	292	

续表

国家	年度	各国出口规模	金融机构信贷规模的 BRC 指标	金融机构的信贷效率的 PCR 指标	股票交易总额占国民生产总值（GDP）的比重（STV）（%）	股票交易中的国内股票周转率（STTR）（%）	制造业企业数量（NUMBER）	金融支持上游度（FSU）
RUS 俄罗斯	2013	0.0268	39.71424727	44.68325349	15.7	41.23336882	261	
	2014	0.0260	45.38958721	49.35386444	10.6	30.55964925	254	
	2015	0.0247	47.22267837	53.47182147	7.8	41.44303006	251	
	2016	0.0188	52.87698602	54.71809115	8.6	29.83351853	242	
SVK 斯洛伐克	2007	0.003634128	50.38673048	33.78713991	0.1	0.049510412	87	1.64
	2008	0.004467278	51.28683433	37.41937729	0.1	0.452478866	84	1.63
	2009	0.004742391	54.13413842	40.71616174	0.1	0.391742921	76	1.62
	2010	0.004965777	65.30098584	44.91984537	0.2	3.430600453	72	1.62
	2011	0.004668594	64.57971501	45.0757213	0.2	7.413682627	66	1.62
	2012	0.004765824	65.86157558	46.63824655	0.5	8.337783245	61	
	2013	0.004855834	62.9614005	46.78861942	0.2	3.614311494	55	
	2014	0.005091746	62.01845593	47.97132388	0.1	2.283122141	51	
	2015	0.005077108	65.31706148	49.88592014	0.3	2.087598753	46	
	2016	0.005086383	73.84394869	53.4430642	0.4	1.8168591	38	
ESP 西班牙	2007	0.0183	178.9600724	156.1145426	118.5	113.2728573	3498	2.06
	2008	0.0189	199.8175437	167.1293765	154	126.5892202	3538	2.11
	2009	0.0182	223.1577118	170.1655696	105.6	182.1179891	3435	2.17

续表

国家	年度	各国出口规模	金融机构信贷规模的 BRC 指标	金融机构的信贷效率的 PCR 指标	股票交易总额占国民生产总值（GDP）的比重（STV）(%)	股票交易中的国内股票周转率（STTR）(%)	制造业企业数量（NUMBER）	金融支持上游度（FSU）
ESP 西班牙	2010	0.0188	233.837766	172.4111566	85.3	89.0827996	3310	2.07
	2011	0.0169	240.9955288	170.7105937	85.3	117.2961881	3241	2.05
	2012	0.0170	248.9395215	166.7408748	75.8	109.370117	3167	
	2013	0.0159	245.5837801	156.8416882	64.7	86.86496562	3213	
	2014	0.0170	223.6170018	145.7448759	67.2	81.94477824	3419	
	2015	0.0173	211.4096574	129.9858731	72.1	99.87993517	3623	
	2016	0.0175	194.6242187	119.461455	82	124.2893817	3480	
TUR 土耳其	2007	0.006604399	45.76522589	25.94162553	42.7	140.7739022	259	2.14
	2008	0.007291369	49.26285301	29.49604417	50.2	114.1534148	250	2.22
	2009	0.007892617	54.62729106	32.59410574	30.3	188.1505319	248	2.28
	2010	0.007625425	64.69998077	36.48460591	50.9	134.9812594	263	2.25
	2011	0.007072755	71.83725252	44.20696953	50.9	133.3302551	263	2.21
	2012	0.007092822	71.62071095	49.97331063	46.6	183.2180233	242	
	2013	0.007341062	74.38876049	54.39592045	45.5	113.8734907	235	
	2014	0.00755035	84.1804491	65.99043392	45.5	191.1925596	226	
	2015	0.007713281	88.08924994	70.10049562	46.3	168.2478034	392	
	2016	0.00780926	92.87128811	75.36474553	48.7	185.1536644	380	

续表

国家	年度	各国出口规模	金融机构信贷规模的 BRC 指标	金融机构的信贷效率的 PCR 指标	股票交易总额占国民生产总值（GDP）的比重（STV）(%)	股票交易中的国内股票周转率（STTR）(%)	制造业企业数量（NUMBER）	金融支持上游度（FSU）
	2007	0.0349	226.3241742	56.98592392	220.7	156.2768664	5109	2.18
	2008	0.0814	235.8944304	59.36354265	296	215.0987522	4666	2.17
	2009	0.0789	216.7628909	59.75453077	321	407.6304011	4401	2.16
	2010	0.0773	234.5536072	53.09202324	237.9	227.536848	4279	2.19
USA	2011	0.0775	231.4508546	51.70798618	237.9	208.438562	4171	2.17
美国	2012	0.0747	230.561426	49.80114335	264.5	262.4276966	4102	
	2013	0.0777	233.4339383	49.51594785	200.2	173.2852353	4180	
	2014	0.0775	247.3812945	49.17829178	199.2	138.3293367	4369	
	2015	0.0789	250.9984508	50.1759649	224.1	148.0280076	4381	
	2016	0.0834	236.9545162	51.82820183	229.5	165.1478471	4331	

附录 4

2006—2017 年 49 国（或地区）的出口技术复杂度

国家	2006	2008	2010	2011	2012	2013	2014	2015	2016	2017
ARG	5919.8	6036.3	7147.3	6371.8	6774.8	7585.3	6395.3	7306.6	8500.6	6699.9
AUS	6542.2	6584.9	7627.3	6923.3	7466.7	9440.3	6134.2	7578.5	5559.6	7054.0
AUT	3258.2	6570.3	7826.1	7362.5	7838.6	9684.2	4143.3	7296.7	5591.9	7430.6
BEL	6494.5	6624.2	7692.5	7058.9	7448.6	9645.6	4670.1	6712.0	7108.4	7294.3
BRA	5824.2	5959.4	7044.7	6349.2	7061.0	9899.7	9489.0	6547.3	8398.7	6725.4
CAN	6020.9	6100.0	7168.1	6372.9	6816.8	9663.9	8382.6	5993.5	9125.9	6723.0
CHL	5181.4	5405.3	6299.1	5695.1	6129.0	9620.6	6589.3	6410.0	7622.9	6106.3
CHN	5662.0	5606.0	6584.0	6272.4	6806.1	9553.0	6244.4	5877.5	7526.0	7677.0
HKG	5216.7	5097.1	5773.3	5616.9	6073.8	7977.1	1734.7	5835.3	7241.9	5725.0
CZE	5776.2	5859.5	6767.8	6269.6	6798.5	9216.6	4131.6	7807.2	9158.3	6633.0
DNK	6848.3	6742.4	8152.9	7542.1	7994.9	9655.4	3246.6	7139.3	8656.9	7635.7
FIN	6098.5	5982.8	7112.8	6770.2	7309.4	9529.4	4445.8	7438.7	9096.8	6957.8
FRA	6520.3	6563.9	7674.0	6907.1	7468.0	9687.1	7115.8	7279.0	9467.0	7417.8

续表

国家	2006	2008	2010	2011	2012	2013	2014	2015	2016	2017
DEU	6346.8	5407.0	7572.0	6907.8	7437.1	9686.1	5624.1	4209.0	8163.9	72322
HUN	5998.4	6101.7	7154.1	6785.7	7044.3	8929.6	3548.2	7126.0	8477.8	6963.3
IND	6085.5	6151.8	7347.8	6729.4	7379.9	9458.0	4797.1	6176.3	8616.3	7182.8
IDN	5263.6	5328.1	6316.0	5931.8	6551.9	9133.3	4069.9	6385.6	7251.3	6120.5
IRN	5518.2	5511.2	6539.1	5859.5	6767.8	9878.0	7818.0	6769.8	7039.9	6066.9
IRQ	6416.8	6380.0	7578.0	6086.0	7246.1	8857.6	5111.8	7969.1	7380.9	6490.0
IRL	6853.7	6967.8	7727.2	7279.0	7908.9	8563.4	2697.2	6911.1	7601.4	8313.3
ISR	6522.4	6580.9	7306.6	6523.4	7217.9	8866.0	5498.1	7440.8	7663.8	6967.2
ITA	6446.7	6480.2	7645.4	7087.1	7629.8	9806.2	4228.5	6634.5	7574.8	7314.7
JPN	5824.6	5885.1	6828.2	6267.9	7050.5	9424.9	6332.2	6037.9	8044.2	6534.6
KOR	5323.6	5265.1	6122.4	5674.0	6501.3	8985.1	3978.2	6008.4	6798.3	5945.9
KWT	5216.7	5789.5	6867.3	5941.7	6232.4	9829.0	6540.0	5809.2	6673.8	5810.5
MYS	5036.6	5096.2	5736.1	5415.4	6016.8	7982.7	5394.6	6190.6	6351.1	5635.4
MEX	5587.5	5616.8	6440.4	6026.3	6396.3	9178.7	3541.9	6844.8	7969.0	6316.5
NLD	5838.5	5691.7	6783.6	6242.2	7122.0	8909.7	3579.3	6389.8	8884.2	6788.4
NGA	5849.8	5920.7	6611.3	6201.5	6620.7	9457.1	4512.6	7287.6	7242.6	3680.8
NOR	6287.6	6442.7	7431.8	8091.0	7547.9	9555.6	4475.6	5728.1	9801.5	7266.3
PHL	4884.4	4755.5	5206.9	5291.1	5952.6	8110.0	3462.2	6426.4	5974.8	5365.2
POL	5669.4	5847.4	6757.9	6192.7	6604.6	8936.0	4185.2	6475.1	8957.3	6490.1
PRT	5625.9	5656.6	6646.3	6294.8	6908.6	9771.8	4182.9	6559.1	7151.2	6521.0
QAT	6109.7	5899.7	7109.2	5992.6	6863.8	9800.6	7983.8	6536.0	7094.1	6232.5

续表

国家	2006	2008	2010	2011	2012	2013	2014	2015	2016	2017
ROM	5261.7	5438.7	6446.1	6379.4	6535.5	9359.7	4271.8	6316.1	9335.5	6606.1
RUS	5801.4	5870.7	6933.4	6172.9	6703.4	9544.3	6722.7	6158.1	7241.9	6347.0
SAU	5574.4	5502.1	6682.2	6419.6	6353.2	9763.0	5874.3	6684.1	6813.5	6045.9
SGP	5867.7	5691.7	6287.7	6388.6	6819.4	8134.6	3456.1	6284.5	7727.7	6429.8
SVK	5670.8	5757.0	6720.4	6111.5	6463.1	9264.1	4727.0	6455.9	8606.7	6405.2
ZAF	5569.1	5662.1	6682.2	6155.7	6653.4	9827.7	6722.7	7083.6	7598.8	6373.7
ESP	6145.5	4130.7	7383.4	6725.8	7122.5	9796.4	5575.5	7269.3	9843.3	7182.8
SWE	6669.8	6614.3	7764.1	7150.1	7525.2	9331.1	3725.1	6844.8	8260.0	7266.1
CHE	4088.2	4130.7	6783.6	6242.2	7122.0	8909.7	3579.3	5997.1	8884.2	4437.7
THA	5173.0	5124.1	7112.8	5638.5	6263.2	8957.1	3999.4	6414.5	6801.1	5839.2
TUR	5642.4	5795.6	6744.0	6145.7	6633.7	9803.6	4361.4	7489.8	3263.4	6420.9
ARE	5929.3	5876.8	6861.4	6099.4	6650.4	9313.7	4861.8	7489.8	7647.6	6178.8
GBR	6599.7	6738.5	7816.7	7336.8	7715.1	9495.3	3977.5	6925.2	7175.3	7688.6
USA	6222.3	6229.3	7278.9	6660.1	7235.2	9237.0	6311.8	5656.1	7705.3	7870.8
VNM	5212.9	5235.3	6126.0	5944.0	6258.6	9354.7	2795.0	7152.7	7138.4	5627.4

注：以上数据均保留一位小数。

数据来源：根据 UN Comtrade Data、World Bank 计算可得。

附录 5

2006—2017 年 49 国（或地区）制造业的出口规模

国家	2006	2008	2010	2011	2012	2013	2014	2015	2016	2017
ARG	0.0031	0.0033	0.0036	0.0039	0.0037	0.0038	0.0036	0.0034	0.0031	0.0029
AUS	0.0044	0.0045	0.0042	0.0043	0.0042	0.0041	0.0041	0.0038	0.0038	0.0039
AUT	0.0109	0.0115	0.0110	0.0108	0.0098	0.0096	0.0090	0.0093	0.0095	0.0093
BEL	0.0308	0.0320	0.0304	0.0314	0.0282	0.0276	0.0259	0.0288	0.0263	0.0254
BRA	0.0107	0.0105	0.0110	0.0106	0.0110	0.0113	0.0107	0.0101	0.0095	0.0095
CAN	0.0292	0.0272	0.0252	0.0231	0.0234	0.0229	0.0235	0.0230	0.0235	0.0232
CHL	0.0038	0.0037	0.0033	0.0036	0.0037	0.0036	0.0033	0.0031	0.0030	0.0029
CHN	0.0822	0.0907	0.0933	0.1022	0.1104	0.1102	0.1177	0.1237	0.1291	0.1452
HKG	0.0267	0.0251	0.0233	0.0269	0.0275	0.0254	0.0261	0.0266	0.0274	0.0309
CZE	0.0081	0.0091	0.0093	0.0093	0.0090	0.0095	0.0090	0.0092	0.0098	0.0100
DNK	0.0074	0.0072	0.0072	0.0075	0.0060	0.0060	0.0055	0.0056	0.0056	0.0054
FIN	0.0071	0.0072	0.0068	0.0055	0.0052	0.0048	0.0044	0.0044	0.0042	0.0038
FRA	0.0408	0.0399	0.0382	0.0393	0.0354	0.0334	0.0319	0.0317	0.0313	0.0359

续表

国家	2006	2008	2010	2011	2012	2013	2014	2015	2016	2017
DEU	0.0966	0.0968	0.0933	0.0929	0.0863	0.0857	0.0818	0.0821	0.0839	0.0843
HUN	0.0063	0.0068	0.0068	0.0069	0.0066	0.0064	0.0059	0.0061	0.0064	0.0065
IND	0.0090	0.0095	0.0107	0.0126	0.0136	0.0152	0.0146	0.0174	0.0163	0.0152
IDN	0.0063	0.0064	0.0067	0.0072	0.0077	0.0079	0.0076	0.0072	0.0072	0.0073
IRN	0.0067	0.0067	0.0076	0.0068	0.0070	0.0068	0.0056	0.0042	0.0045	0.0035
IRQ	0.0028	0.0034	0.0042	0.0040	0.0041	0.0055	0.0062	0.0057	0.0053	0.0036
IRL	0.0096	0.0094	0.0086	0.0104	0.0086	0.0079	0.0073	0.0069	0.0070	0.0085
ISR	0.0036	0.0034	0.0042	0.0043	0.0043	0.0042	0.0039	0.0040	0.0041	0.0043
ITA	0.0353	0.0370	0.0351	0.0343	0.0310	0.0302	0.0287	0.0292	0.0297	0.0295
JPN	0.0569	0.0544	0.0523	0.0501	0.0551	0.0492	0.0479	0.0417	0.0397	0.0407
KOR	0.0298	0.0298	0.0297	0.0333	0.0351	0.0351	0.0345	0.0346	0.0351	0.0368
KWT	0.0050	0.0049	0.0060	0.0047	0.0051	0.0063	0.0074	0.0069	0.0061	0.0037
MYS	0.0136	0.0129	0.0111	0.0131	0.0135	0.0126	0.0126	0.0123	0.0126	0.0126
MEX	0.0226	0.0206	0.0199	0.0203	0.0217	0.0211	0.0222	0.0224	0.0231	0.0252
NLD	0.0356	0.0367	0.0361	0.0364	0.0354	0.0377	0.0355	0.0363	0.0362	0.0346
NGA	0.0053	0.0050	0.0053	0.0049	0.0061	0.0073	0.0064	0.0057	0.0056	0.0033
NOR	0.0087	0.0086	0.0088	0.0079	0.0074	0.0074	0.0069	0.0065	0.0062	0.0050
PHL	0.0043	0.0040	0.0034	0.0035	0.0026	0.0022	0.0031	0.0032	0.0034	0.0039
POL	0.0095	0.0105	0.0114	0.0119	0.0114	0.0114	0.0108	0.0119	0.0124	0.0127
PRT	0.0038	0.0039	0.0037	0.0038	0.0034	0.0035	0.0034	0.0036	0.0036	0.0036
QAT	0.0022	0.0022	0.0029	0.0026	0.0029	0.0034	0.0042	0.0037	0.0032	0.0022

续表

国家	2006	2008	2010	2011	2012	2013	2014	2015	2016	2017
ROM	0.0028	0.0030	0.0032	0.0034	0.0034	0.0036	0.0033	0.0036	0.0038	0.0038
RUS	0.0214	0.0222	0.0252	0.0207	0.0225	0.0242	0.0268	0.0260	0.0247	0.0188
SAU	0.0195	0.0187	0.0221	0.0178	0.0191	0.0234	0.0248	0.0234	0.0211	0.0139
SGP	0.0240	0.0225	0.0219	0.0229	0.0244	0.0237	0.0234	0.0229	0.0226	0.0226
SVK	0.0036	0.0045	0.0047	0.0050	0.0047	0.0048	0.0049	0.0051	0.0051	0.0051
ZAF	0.0041	0.0043	0.0041	0.0037	0.0047	0.0044	0.0041	0.0039	0.0039	0.0036
ESP	0.0183	0.0189	0.0182	0.0188	0.0169	0.0170	0.0159	0.0170	0.0173	0.0175
SWE	0.0126	0.0125	0.0119	0.0112	0.0111	0.0108	0.0099	0.0095	0.0092	0.0091
CHE	0.0356	0.0367	0.0361	0.0364	0.0354	0.0377	0.0355	0.0363	0.0362	0.0346
THA	0.0108	0.0111	0.0111	0.0124	0.0129	0.0125	0.0130	0.0129	0.0128	0.0135
TUR	0.0066	0.0073	0.0079	0.0076	0.0071	0.0071	0.0073	0.0076	0.0077	0.0078
ARE	0.0119	0.0130	0.0151	0.0136	0.0128	0.0161	0.0171	0.0194	0.0194	0.0188
GBR	0.0381	0.0317	0.0290	0.0272	0.0269	0.0263	0.0255	0.0251	0.0261	0.0266
USA	0.0849	0.0814	0.0789	0.0773	0.0775	0.0747	0.0777	0.0775	0.0789	0.0834
VNM	0.0032	0.0034	0.0038	0.0043	0.0045	0.0052	0.0065	0.0074	0.0084	0.0102

注：以上数据均保留四位小数。

数据来源：根据 World Bank 计算可得。